UNIVERSITÉ DE PARIS. — FACULTÉ DE DROIT

ÉTUDE
SUR LA SUBROGATION

EN MATIÈRE D'ASSURANCES CONTRE L'INCENDIE

THÈSE POUR LE DOCTORAT

Présentée et soutenue le Mercredi 19 Décembre 1900, à 1 heure

PAR

ROGER CHAROY

AVOCAT A LA COUR D'APPEL D'ORLÉANS

PARIS

LIBRAIRIE NOUVELLE DE DROIT ET DE JURISPRUDENCE

ARTHUR ROUSSEAU, ÉDITEUR

14, RUE SOUFFLOT ET RUE TOULLIER, 13

—

1900

THÈSE

POUR LE DOCTORAT

ÉTUDE
SUR LA SUBROGATION

EN MATIÈRE D'ASSURANCES CONTRE L'INCENDIE

THÈSE POUR LE DOCTORAT

L'ACTE PUBLIC SUR LES MATIÈRES CI-APRÈS

Sera soutenu le Mercredi 19 Décembre 1900, à 1 heure.

PAR

Roger CHAROY

AVOCAT A LA COUR D'APPEL D'ORLÉANS

PRÉSIDENT : M. WEISS.

Suffragants : { MM. THÉNON, SAUZET, } *Professeurs.*

PARIS

LIBRAIRIE NOUVELLE DE DROIT ET DE JURISPRUDENCE

ARTHUR ROUSSEAU, ÉDITEUR

14, RUE SOUFFLOT ET RUE TOULLIER, 13

1900

BIBLIOGRAPHIE

Dalloz. — *Répertoire et Supplément*. V^is Assurances terrestres. Privilèges et hypothèques.

Répertoire du Droit Français et **Pandectes françaises**. V^is Assurances. Privilèges et hypothèques.

Sirey. — Recueil périodique de jurisprudence.

Jurisprudence générale des assurances terrestres. (Bonneville de Marsangy).

Journal des Assurances.

Recueil périodique des assurances (années 1892 à 1899).

Moniteur des assurances (année 1889).

Les lois nouvelles (année 1889). N°s 9, 10, 11.

Gazette des Tribunaux (année 1900).

Feltin (thèse). — Loi du 19 février 1889. (Attribution des indemnités d'assurances). Nancy, 1893.

Escorbiac. — Commentaire sur la loi du 19 février 1889. (Lois nouvelles, 1889).

Pannier. — Attribution des indemnités d'assurances (1889).

Pothier. — Traité du contrat d'assurance.

De Lalande et Couturier. — Traité théorique et pratique du contrat d'assurance contre l'incendie (1885).

Ruben de Couder. — Dictionnaire de Droit commercial. V^is Assurances et Privilèges et hypothèques.

Boudousquié. — Traité de l'assurance contre l'incendie.

Plautre. — Revue de notariat.

Alauzet. — Traité général des assurances.

Chaufton. — Les assurances, leur passé et leur avenir (1885-1886).

Duhail. — Etude sur le contrat d'assurance contre l'incendie (1883).

Pothier. — Obligations.

Renusson. — Traité de la Subrogation.

Aubry et Rau. -- Cours de Droit civil (T. III, 3e édition).

Demolombe. — Code Napoléon (T. IV).

Larombière. — Théorie des obligations.

Baudry-Lacantinerie. — Droit civil (T. II et III, 4e édition).

Paul Pont. — Privilèges et hypothèques (T. II).

INTRODUCTION

CHAPITRE PREMIER

DES ASSURANCES CONTRE L'INCENDIE

Parmi les fléaux qui menacent la propriété, il n'en est point de plus terrible ni de plus redoutable que l'incendie. Il détruit en quelques instants des constructions qui étaient l'œuvre des siècles, avec toutes les richesses que ces mêmes siècles y avaient accumulées ; s'il s'attaque au château ou à l'usine, il ne ménage pas davantage la chaumière ou le logement ouvrier ; il anéantit les récoltes, fruit du travail de l'année, qui offrent à l'incendie une proie si facile ; la propriété foncière elle-même n'est pas à l'abri de ses atteintes : le feu a bien vite fait de dévorer, dans une forêt, la superficie dont la valeur est infiniment supérieure au sol qui la porte.

Les moyens de combattre cet ennemi, s'ils sont aujourd'hui, surtout dans les villes, mieux organisés, ont été longtemps à peu près nuls et restent encore bien impuissants. Les perfectionnements de l'outillage moderne, la rapidité des secours, l'utilisation de la chimie, de la vapeur et de l'électricité, la construction d'immenses échelles, l'invention des systèmes les plus divers, une organisation enfin, répandue jusque que dans nos plus petites communes, tout cela nous a permis de faire bien des progrès depuis le jour, où, suivant la tradition, un moine du XVIe siècle créa à Paris le premier corps de pompiers. Mais combien de fois cependant, sommes-nous forcés de constater notre impuissance et l'inutilité de tous ces perfectionnements, devant l'intensité du foyer et la fureur du fléau !

La propriété tant immobilière que mobilière, ne serait donc en quelque sorte qu'un droit précaire, si on ne parvenait à la garantir contre la destruction dont elle est perpétuellement menacée. Et cependant l'incendie, à la différence de certains autres éléments de destruction, n'exerce que des ravages en général très limités ; il n'atteint dans la collectivité des intérêts, que quelques rares victimes ; il ne fait subir à l'ensemble de la propriété d'un pays ou d'une région qu'une perte minime si on la compare à la richesse générale de ce pays ou de cette région.

Le risque résultant de l'incendie est donc désastreux si chacun y reste isolément soumis, il disparaît presque s'il est réparti entre un nombre considérable de propriétaires.

Cette idée si simple du groupement des intérêts, est

restée bien longtemps sans être comprise et l'on peut s'étonner que de longs siècles d'une civilisation avancée aient pu s'écouler, sans que l'on ait songé à cette première application du principe si fécond de la mutualité.

Ce n'est en effet, qu'à la fin du dix-septième siècle, que l'on vit naître en Angleterre la première société d'assurance des maisons. Toutes les recherches qui ont été faites tant dans les immenses recueils du Droit Romain que dans les nombreux écrits du Moyen Age, n'ont pu en effet découvrir aucune association de ce genre avant la *Friendly Society fire-office* fondée à Londres en 1604. Son titre même, *Friendly Society*, indique que la mutualité était la base sur laquelle elle reposait ; il paraîtrait même en résulter que cette première association avait un caractère plus étroit et plus intime que la simple mutualité, et qu'elle ne réunissait que des amis *(friend)*.

Sans doute la France, à la différence de l'Angleterre plus protégée par sa situation insulaire, n'était point encore parvenue, à cette époque du règne belliqueux de Louis XIV, au même état de sécurité et de paix nécessaires, pour que de pareilles sociétés puissent se fonder, car il s'écoulera encore plus d'un siècle avant que nos auteurs ne nous fournissent l'indication du contrat d'assurance contre l'incendie.

Pothier est le premier qui nous en parle dans les termes suivants : « Il peut y avoir une infinité d'espèces de con- « trats d'assurance. Tel était celui que proposait en 1754

« une compagnie établie à Paris, de garantir les proprié-
« taires de maisons, du feu, moyennant une certaine
« somme que les propriétaires, qui voudraient faire assu-
« rer leurs maisons, payeraient chaque année à la Com-
« pagnie » (1).

En 1786, deux compagnies d'assurance furent autorisées
à Paris et reçurent par arrêt du Conseil, le privilège qui
était le propre de toutes les institutions de l'ancien régime (2).

Leur fonctionnement ne fut pas de longue durée. Elles
furent vite balayées par la tempête révolutionnaire qui fit
disparaître d'un trait de plume toute l'organisation finan-
cière antérieurement établie (3).

Fort heureusement un pareil régime économique ne
devait pas survivre au régime qui l'avait établi et dès le
30 brumaire an IV, le décret de germinal an II était purement et simplement abrogé (4).

Le premier Empire s'écoula cependant sans que l'idée

----

(1) Pothier. *Traité du contrat d'assurances*, chap. I, section I,
nᵒ 3.

(2) Dalloz. *Rep.* vᵒ assur. terre. nᵒ 5.

(3) Article premier du décret du 26 germinal an II : « Les compagnies financières sont supprimées ; il est défendu à tous banquiers,
négociants et autres personnes quelconques de fonder un établisse-
ment de ce genre sous aucun prétexte et sous quelque dénomination
que ce soit. »

(4) « La Convention nationale déclare faux et supposé le décret qui
supprime les compagnies financières, inséré dans le procès-verbal de
la séance du premier mois, et ordonne qu'il sera remplacé par ce qui
suit.... »

de l'assurance contre l'incendie, au milieu des guerres et des bouleversements continuels, put recevoir une application utile, et, c'est la Restauration qui, dans une société tournant désormais ses efforts vers les œuvres de la paix, vit éclore le grand mouvement qui à partir de cette époque ne s'arrêtera plus.

Une ordonnance du 4 septembre 1816 autorisa la Société d'assurance mutuelle immobilière de la ville de Paris. Il serait sans intérêt de relever toutes les ordonnances royales du même genre qui se succédèrent alors rapidement (1).

Parmi ces ordonnances, les unes autorisaient la formation de sociétés anonymes qui, après la constitution d'un capital important servant de garantie aux assurés, traitaient avec ceux-ci et s'engageaient en échange du payement d'une prime annuelle à les indemniser du préjudice pouvant résulter d'un incendie : ce sont les sociétés ou *compagnies à prime*. Dans ces sociétés, les seuls sociétaires sont les actionnaires qui ont fourni le premier capital de garantie. Comme dans toute société par actions, ils

---

(1) Je signalerai cependant la date de la fondation des principales compagnies qui fonctionnent encore aujourd'hui :

Compagnie d'Assurances générales, 14 février 1819;

Phénix, 1er septembre 1819 ;

Compagnie Royale (aujourd'hui la Nationale), 11 février 1820;

Union, 5 octobre 1828.

De 1837 à 1870, quinze nouvelles compagnies furent fondées : en 1880, on en comptait quarante-quatre.

poursuivent un but de spéculation, et c'est à eux seuls que seront attribués les bénéfices résultant de l'exploitation. Ces bénéfices furent tels que la valeur des actions s'accrut dans des proportions que l'on peut qualifier de vertigineuses (1).

Mais à côté de ces compagnies à primes, et même avant elles (nous avons vu que la première ordonnance royale du 4 septembre 1816 s'appliquait à une *société mutuelle*), d'autres sociétés se formèrent qui constituaient de véritables *mutualités*. Le but de ces sociétés est tout à fait différent de celui des compagnies à primes ; le principe de ces associations est l'engagement pris par un nombre plus ou moins considérable de propriétaires, de répartir entre eux la perte résultant des sinistres qui pourraient se produire chez quelques-uns d'entre eux. Ces associations prirent la dénomination *d'assurances mutuelles contre l'incendie*.

Pour atteindre le but qu'elles se proposaient, ces asso-

---

(1) Si l'on regarde en effet le tableau financier des principales compagnies d'assurances, on peut aisément vérifier cette proportion.

C'est ainsi que les actions de la Compagnie d'Assurances générales, émises en 1819 à 1.000 francs, valaient en novembre 1898, 36.500 francs, et produisaient un revenu de 1.400 francs.

Les actions du Phénix émises également à 1.000 francs, valent aujourd'hui 13.000 francs ; celles de la Nationale, émises à 625 francs, valent 16.500 ; celles de l'Union, émises à 1.250 francs, valent 18.250 francs ; celles de la France, émises à 1.250 fr., valent 15.000 francs. V. *Jour. Ass.*, année 1898. Tableau financier.

ciations devaient nécessairement comprendre un grand nombre de membres et elles se virent forcées d'emprunter la forme des sociétés anonymes. D'un autre côté, à la théorie qui n'aurait exigé d'autres comptes qu'une répartition des pertes entre tous les associés, la pratique substitua un versement anticipé imposé à chacun d'eux, le règlement annuel donnant lieu alors, soit à un versement nouveau imposé à chaque sociétaire, si les sinistres dépassaient la valeur des versements opérés, soit, dans le cas d'une balance inverse, à la mise en réserve, au profit de l'association, du bénéfice réalisé.

Les sociétés mutuelles se rapprochaient ainsi dans leur fonctionnement des compagnies à primes fixes, l'expérience venant peu à peu préciser avec exactitude l'importance du versement annuel à demander à chaque sociétaire.

Une autre circonstance augmentait encore cette ressemblance entre compagnies à primes et sociétés mutuelles. Du moment que ces dernières étaient amenées à prendre la forme des sociétés anonymes, la jurisprudence ne tarda pas à déclarer, après quelque controverse, qu'à ce titre elles étaient soumises à l'approbation du Gouvernement (1).

Un grand nombre d'ordonnances furent donc rendues pour autoriser la formation de sociétés d'assurances mu-

______

(1) V. Dalloz. *Rép.* V. Société, n° 100.

tuelles ; on n'en compte pas moins de trente et une de 1816 à 1830 et il suffit d'en parcourir la nomenclature (1), pour voir que dès cette dernière époque, les assurances mutuelles s'étaient répandues dans toute la France.

La loi de 1867 en supprimant pour les sociétés anonymes la nécessité de l'autorisation gouvernementale, donna un nouvel essor aux Compagnies ou Sociétés d'assurances dont le fonctionnement fut d'ailleurs réglé par un décret du 22 janvier 1868.

On peut dire aujourd'hui que les progrès réalisés ont atteint aussi complètement que possible le résultat désiré. Il n'existe plus guère d'immeubles urbains ou ruraux de quelque importance, de mobilier de quelque valeur, qui ne soient garantis par une assurance. L'assurance des récoltes est devenue aussi une habitude pour le cultivateur, et c'est pour le fermier une obligation qui lui est généralement imposée par les clauses de son bail.

D'un autre côté, les Compagnies ou Sociétés d'assurances ont ajouté aux risques dont elles prennent la charge (*assurance directe*) ce qu'on a fort justement appelé les risques de responsabilité (*assurances indirectes ou de responsabilité*). Le locataire, en vertu de l'article 1733 Code civil, le voisin, d'après les principes de l'article 1382 Code civil, peuvent être en effet responsables de l'incendie qui a détruit la maison de leur propriétaire ou de leur voisin :

(1) Duvergier. Table de 1788 à 1830, p. 218 et suivantes.

ce locataire ou ce voisin responsables peuvent se garantir contre cette éventualité, au moyen des assurances dites de *risque locatif* ou *de voisinage*.

Il est un autre risque qui peut aussi faire l'objet d'une assurance, c'est la responsabilité possible du propriétaire vis-à-vis de son locataire, si le mobilier de celui-ci vient à être détruit par un incendie dû à un vice de construction ; cette assurance n'est peut-être pas suffisamment entrée dans la pratique générale (1).

Le contrat d'assurance contre l'incendie est donc devenu l'un des plus importants de notre droit moderne. Nos codes cependant ne l'avaient même pas prévu : si en effet l'article 1964 du Code civil en énumérant les contrats aléatoires, parle du *contrat d'assurance*, il ne fait ainsi allusion qu'à l'assurance maritime, la seule qui sous le titre « des assurances » devait quelques années plus tard faire l'objet du titre X de notre Code de commerce.

L'assurance contre l'incendie, née au lendemain de la refonte de notre législation, ne fut réglementée tout d'abord par aucune disposition législative nouvelle. C'est

(1) Les capitaux garantis en 1889 s'élevaient en France à 107.750.000.000 de francs. En 1897, ils s'élèvent à 123.350.000.000 de francs, soit une augmentation de 15.600.000.000 de francs. Les sinistres se sont élevés en 1897 à 48.118.157 fr. 62 ; en 1889, ils s'étaient élevés à 47.340.401 fr. 57, soit une augmentation de 777.756 fr. 05. Les bénéfices distribués en dividende s'élevaient à 14.396.000 francs en 1889. Ils s'élevaient à 18.280.000 francs en 1898, soit 3.884.000 francs de différence.

(V. *Jour. ass.*, années 1889 et 1898).

donc l'application à ce nouveau contrat des principes du droit commun, qui fait l'objet des nombreuses études qui ne tardent pas à se produire (1).

L'attention des jurisconsultes se porte tout naturellement d'abord sur les rapports juridiques entre l'assureur et l'assuré ; l'interprétation des polices, la validité de certaines clauses, les déchéances, etc..., finissent l'objet de leur examen.

Mais le contrat d'assurance contre l'incendie n'intéresse pas uniquement les deux parties qui ont figuré au contrat ; dans le courant de cette thèse, je négligerai même presque complètement l'étude de ces rapports directs entre l'assureur et l'assuré, pour ne m'attacher qu'à une hypothèse spéciale à laquelle je vais arriver.

C'est qu'en effet la matière n'est pas épuisée quand on a défini les droits et les obligations réciproques des deux parties.

Il arrive souvent, par exemple, que l'immeuble est grevé du chef de son propriétaire de droits privilégiés ou hypothécaires et cette situation fait naître d'intéressantes questions, relativement à la valeur et à l'étendue des droits des créanciers sur l'indemnité d'assurances.

D'un autre côté, tout n'est pas fini lorsque l'assuré a reçu de son assureur le montant de l'indemnité ; on peut

---

(1) Bibliographie. De Lalande et Couturier; Chaufton, Alauzet; Bruc et Soliat ; Agnel et de Corny ; Valin, Bonneville de Marsangy; Pouget, Ruben de Couder, etc.

supposer que l'incendie de la maison assurée est dû à la faute d'un locataire ou d'un voisin, par exemple. L'assureur, qui a désintéressé la victime du sinistre, pourra-t-il exercer contre le responsable les actions qui appartiennent à l'assuré? Dans quelle mesure le pourra-t-il?

Voilà la question que je me propose d'étudier, voilà les difficultés que je voudrais résoudre : je supposerai donc, dans le courant de toute cette thèse, qu'une personne vient s'interposer entre l'assureur et l'assuré, se substituer à l'un ou à l'autre et mon but sera d'étudier les rapports qui peuvent exister entre la personne substituée d'une part, entre l'assureur et l'assuré d'autre part. Or cette substitution, nous allons le voir, le langage juridique l'appelle subrogation ; j'envisagerai donc les cas de subrogation que nous pouvons rencontrer dans les assurances contre l'incendie et c'est pourquoi j'ai donné à cette thèse le titre de : *Etude sur la subrogation en matière d'assurances contre l'incendie.*

CHAPITRE II

DE LA SUBROGATION EN GÉNÉRAL

Il est dans le langage juridique une expression que
l'on emploie très fréquemment, mais dont on ne connaît
généralement pas le sens exact ni la véritable portée: c'est
la *subrogation.* Cette matière d'ailleurs a toujours été
considérée, aussi bien dans notre ancien droit qu'aujour-
d'hui, comme une des questions les plus difficiles et les
plus ardues. Ses rapports avec d'autres opérations juridiques, des points de ressemblance qui la rapprochent de
certains faits, des différences qui l'en séparent, des appré-
ciations diverses et contradictoires, une subtilité souvent
trop spécieuse, mais qui est cependant nécessaire, tout
cela a entraîné de nombreuses erreurs et de grandes con-
fusions.

Il est cependant un point indiscutable et indiscuté. La
première idée qu'évoque le mot de subrogation, c'est une
idée de *substitution,* de remplacement ; mais ce peut être
soit une personne, soit une chose qui se trouve substituée
à une autre personne ou à une autre chose, et l'on arrive

ainsi à la distinction primordiale entre la subrogation *réelle* et la subrogation *personnelle*.

A. — SUBROGATION RÉELLE.

« La subrogation réelle, c'est, disent MM. Aubry et
« Rau (1), la substitution d'une chose à une autre, en ce
« sens qu'une chose prend la place et revêt les caractères
« juridiques d'une autre chose à laquelle elle est substi-
« tuée. » *Subrogatum capit naturam subrogati.* Et selon
que la chose nouvelle sera substituée à l'ancienne par
l'effet de la convention ou par l'effet de la loi, la subrogation sera *conventionnelle* ou *légale.*

Conventionnelle, comme si, par exemple, vous devant
une barrique de vin, je conviens avec vous que je vous
devrai à la place une somme de 300 francs — la somme
de 300 francs se trouve subrogée à la barrique de vin.

Légale, lorsqu'elle se trouve prévue spécialement par la
loi ; elle se rencontre dans de nombreux articles du Code ;
qu'il me suffise d'indiquer à titre d'exemple le remploi et
de citer les articles 132, 747 et 766 ; 1066, 1067, 1069 ;
1407, 1433, 1434 ; 1552, 1559, etc.

La subrogation réelle est donc très simple et très facile
à concevoir : toutes les fois que, pour une cause quelconque, par suite d'un texte de la loi ou d'une convention, une

____

(1) Aubry et Rau. V. t. III. § 324, p. 447.

chose se trouve substituée à une autre, il y a subrogation réelle.

B. — SUBROGATION PERSONNELLE

Il n'en est pas de même de la subrogation personnelle, et c'est là que viennent poindre de nombreuses difficultés. L'expression doit rendre exactement la pensée ; or il arrive trop souvent que l'on emploie ce mot : subrogation personnelle, sans en rechercher ni bien comprendre le véritable sens. On confond en effet généralement sous cette même expression deux faits juridiques qui sont absolument distincts. Le mot subrogation personnelle est en effet employé tantôt dans *un sens large* ou vulgaire, la subrogation personnelle proprement dite, tantôt dans *un sens strict* ou technique, c'est le payement avec subrogation.

I. *Différents sens du mot subrogation personnelle.*

a) Définition de la subrogation personnelle lato sensu.

La subrogation personnelle, prise dans son sens large, est opposée à la subrogation réelle. « Cette expression dans son acception la plus étendue, désigne toute substitution d'un tiers à un créancier, opérée pour une cause juridique quelconque, et par suite de laquelle, ce tiers est autorisé à exercer pour son propre compte et dans son

intérêt personnel, tout ou partie des droits et actions du
créancier (1) ». C'est ainsi, et j'emprunte ces exemples à
M. Demolombe (2), que l'héritier ou le successeur universel,
est subrogé dans les droits du défunt en remplacement
duquel il succède : *Nihil aliud est hereditas quam successio in universum jus quod defunctus habet* (3).

De même le successeur particulier est subrogé aux droits
et actions de son auteur en remplacement duquel il succède à la chose qui lui est transmise, tel l'acheteur, tel le
cessionnaire de créance, tel le créancier qui a exercé un
droit de son débiteur en vertu de l'article 1166 du Code
civil.

De même que la subrogation réelle, la subrogation
personnelle n'exige donc qu'une seule condition : qu'une
personne se trouve substituée à une autre personne ; son
domaine est donc très vaste en même temps que ses applications très diverses.

(b) Définition de la subrogation personnelle stricto sensu.

Mais tel n'est pas, d'après l'opinion générale, le sens
exact de la subrogation personnelle. A vrai dire, on ensei-
gnera bien que, par exemple, le cessionnaire de créance
est subrogé personnellement dans les droits du cédant,

(1) V. Aubry et Rau, t. III, § 321, p. 117.
(2) V. Demolombe, t. IV, titre III, chap. v, p. 256.
(3) Gaius, Digeste, 24, 1. L, t. XVI.

mais on réservera l'expression subrogation personnelle à une opération toute particulière, le *paiement avec subrogation*, que j'appellerai subrogation *stricto sensu* par opposition à la subrogation *lato sensu*. J'emprunte encore à MM. Aubry et Rau dont les définitions sont toujours si concises et si complètes la définition de cette opération.

« C'est, disent-ils, une fiction juridique admise ou éta-
« blie par la loi, fiction en vertu de laquelle une obligation
« éteinte au moyen d'un paiement effectué par un tiers,
« ou par le débiteur avec les deniers qu'un tiers lui a
« fournis à cet effet, est regardée comme continuant de
« subsister au profit de ce tiers qui est autorisé à faire
« valoir dans la mesure de ce qu'il a déboursé, les droits
« et actions de l'ancien créancier » (1).

Ce qui caractérise donc le payement avec subrogation, que l'on appelle d'une façon courante, simplement subrogation personnelle, c'est cette idée de *fiction*. « La subrogation est une fiction de droit ».

Mais quelle est cette fiction?

Premier système. — L'expression le dit suffisamment par elle-même. Cette opération suppose un payement et ce payement « doit être effectué par un tiers ou par le débiteur avec les deniers qu'un tiers lui a fournis » (art. 1250). Or le payement suppose une dette et l'effet du payement est d'éteindre la dette. Si donc un tiers, pour une cause

(1) Aubry et Rau, V. t. III, § 324, p. 117.

ou pour une autre, à titre gratuit ou à titre onéreux, consent à effectuer le payement d'une dette dont il n'est pas débiteur, ce payement qui aura éteint la dette, aura éteint également la créance. La créance étant éteinte, les accessoires de cette créance, tels que privilèges ou hypothèques, doivent l'être également, de telle sorte que ce tiers qui a payé, n'aurait plus qu'une action personnelle (action *mandati, negotiorum gestorum*) et subirait, pour recouvrer le montant de son avance, le concours de tous les créanciers chirographaires du débiteur.

C'est pour éviter cet injuste résultat, c'est dans un but d'équité, que l'on a créé la subrogation et la fiction de la subrogation consiste donc en ceci : dans tous les cas où un payement a été effectué, dans les conditions énumérées par les articles 1250 et 1251 Code civil, la créance bien qu'éteinte en principe par le payement, est réputée subsister avec tous ses accessoires au profit du tiers qui a payé et qu'on appelle le subrogé.

Autres systèmes (1). — Trois autres systèmes ont été soutenus, le premier enseignant que la subrogation n'est, sous un nom différent, qu'un transport-cession ; nous l'examinerons un peu plus loin.

Un second système distingue entre les diverses causes

---

(1) V. pour de plus amples développements, Demolombe, t. IV, livre III, titre III, chap. v, p. 263. Renusson, *De la Subrogation*, chap. iii, n° 24.

d'où la subrogation procède; il est aujourd'hui complètement abandonné.

Enfin d'après un troisième système, la subrogation ne
ferait rattacher à la créance nouvelle que les sûretés accessoires qui garantissaient l'ancienne créance et non pas
aussi cette créance elle-même. En effet, dit-on, la subrogation constituant un véritable payement, ce payement
éteint la créance. Comment alors la créance qui est éteinte
pourra-t-elle continuer à exister au profit du subrogé (1) ?

Mais il ne faut pas oublier que nous sommes ici sur le
terrain de la fiction : « or, la fiction contient toujours quel-
« que chose de contraire à la réalité ; elle est donc toujours
« absurde par certain côté. Par rapport au créancier,
« la créance est éteinte, voilà la réalité ; elle subsiste au
« profit du subrogé, voilà la fiction. Et d'ailleurs nos
« adversaires échappent-ils eux-mêmes au reproche qu'ils
« nous adressent? Si la créance est éteinte par le paye-
« ment, ses accessoires sont éteints également, d'après la
« règle *Sublato principali tollitur accessorium;* alors
« comment se fait-il qu'ils subsistent encore au profit du
« subrogé? Est-il moins absurde d'investir le subrogé des
« accessoires d'une créance que l'on reconnaît éteinte,
« que de l'investir de la créance elle-même? (2) »

D'ailleurs le premier système a pour lui la presque

____

(1) Merlin, *Questions de droit.*
(2) Baudry-Lacantinerie, t. II, p. 742, n° 1042.

totalité des auteurs. La tradition et les travaux préparatoires viennent également confirmer cette opinion.

Pothier disait (1) : « La créance est réputée, en faveur
« de celui qui est subrogé, subsister avec tous les droits
« qui en dépendent. »

Les textes du Code prêtent enfin à cette doctrine un appui
plus solide encore. Le tiers est subrogé « dans les droits
du créancier » (articles 874, 1249, 1250), « dans ses droits
et actions » (article 1250), « dans tous ses droits » (article
2029).

Et maintenant voici la différence pratique de ces deux
systèmes. D'après le premier, celui où la créance payée
est réputée subsister au profit du subrogé, le subrogé est
mis complètement aux lieu et place du créancier : il peut
exercer tous ses droits. Par conséquent, ce ne sont pas
seulement les accessoires de la créance qui lui sont transmis, mais aussi les droits inhérents au titre de la créance
ou attachés à sa qualité. Ainsi, le subrogé profitera du
droit que conférait au créancier le titre exécutoire dont il
était nanti ; ou du bénéfice de la compétence commerciale,
si elle était attachée à la créance, à raison de sa nature, etc.
Il faudrait au contraire lui refuser ces divers avantages,
si l'on admet le second système qui considère la créance
comme éteinte même par rapport au subrogé et l'investit
seulement des accessoires de cette créance. Logiquement ce
système conduirait même à refuser au subrogé le droit

____

(1) Pothier, *Obligations*, n° 22.

d'user du privilège qui appartenait au créancier ; car le privilège est attaché à la qualité de la créance (article 2095) et semble par suite ne pas pouvoir être transporté d'une créance à une autre.

En résumé, la subrogation *stricto sensu* ou payement avec subrogation, suppose un payement effectué par un tiers, payement d'une dette dont ce tiers n'était pas débiteur, payement effectué dans des conditions particulières que nous examinerons plus loin, et par l'effet duquel la créance qui devrait être juridiquement éteinte, est réputée subsister avec tous ses accessoires au profit du tiers qui a payé : le subrogé (par conséquent payement opérant substitution d'une personne à une autre personne).

L'origine de la subrogation est très ancienne ; elle existait déjà dans le *Droit Romain*. Il serait même très intéressant de donner quelques détails sur l'historique de cette opération juridique, de rechercher comment à Rome, le préteur fut amené, pour des raisons d'équité principalement, à accorder l'exception *cedendarum actionum* au tiers non débiteur qui avait payé le créancier, comment la subrogation légale existait en quelques sorte, au profit du créancier hypothécaire qui avait payé un autre créancier dont le titre lui était préférable (*successio in locum*) ; de voir quelle fut l'évolution de cette opération dans notre *ancien droit* ; comment elle fut dénommée subrogation par le droit canonique qui l'employait en matière bénéficiale à peu près dans le sens qu'on lui donne aujourd'hui en matière civile ; comment elle fut consacrée législative-

ment par une ordonnance de Henri IV en mai 1609, et
reconnue ensuite par plusieurs arrêts du Parlement; comment son importance devint peu à peu de plus en plus
considérable (1); comment enfin elle fut adoptée par les
rédacteurs du Code civil qui lui consacrèrent un chapitre
spécial.

Mais tous ces détails nous entraîneraient trop loin ; je
n'aurais ni le temps, ni la place de les étudier et je croi-
rais vraiment sortir de mon sujet en y consacrant quelque
développement : je laisserai donc de côté cet intéressant
historique.

II. *Comparaison de la subrogation personnelle lato
sensu et de la subrogation personnelle stricto sensu.*

Connaissant maintenant la définition des deux sortes de
subrogations personnelles, il est facile d'en dégager les
divers éléments et l'intérêt qu'il peut y avoir à les distinguer l'une et l'autre.

Auparavant et pour m'affranchir d'une distinction qui
ne souffre d'ailleurs aucune difficulté, constatons que la
subrogation personnelle, quelle qu'elle soit, peut être
comme la subrogation réelle, soit *conventionnelle*, soit
légale.

Qu'il me suffise de citer parmi les très nombreuses

(1) Renusson, *Traité de la subrogation*, chap. I, n° 8.

opérations qui contiennent une subrogation conventionnelle *lato sensu*, la délégation, la cession-transport.

L'article 1250 nous donne au contraire les deux seuls cas de payement avec subrogation conventionnelle *stricto sensu.*

La loi du 19 février 1889, dont je parlerai longuement dans le cours de cette étude, est un exemple de subrogation personnelle légale, le mot subrogation étant pris ici dans son sens large.

Au contraire, nous avons dans l'article 1251 les quatre cas légaux de subrogation légale *stricto sensu*.

Remarquons en outre que la subrogation *stricto sensu* ou payement avec subrogation, est elle-même un cas de subrogation conventionnelle *lato sensu*. Nous avons vu en effet que la subrogation conventionnelle au sens large désignait « toute substitution d'une personne à une autre « personne, pour un fait juridique quelconque et par « suite de laquelle le subrogé est autorisé à exercer pour « son propre compte et dans son intérêt personnel tout « ou partie des droits et actions du créancier. » Elle comprend donc la subrogation *stricto sensu* qui est bien une substitution de personne à personne — substitution du tiers qui a payé au créancier et qui est opérée pour un certain fait juridique : un payement. De telle sorte que la subrogation *stricto sensu* est à la subrogation en général ce que l'espèce est au genre ; or de même qu'il ne faut pas confondre l'espèce d'avec le genre, de même il ne faut pas réunir sous une même expression les diverses formes de la subrogation ; c'est pourquoi j'ai désigné d'une façon spéciale (subrogation *stricto sensu*) l'opération extrèmement importante que constitue le payement avec subrogation, tandis que j'ai réuni sous la même expression (subrogation personnelle *lato sensu*) toutes les opérations juridiques dans lesquelles on rencontre une substitution de personnes.

Quels sont donc les éléments caractéristiques qui nous permettent de reconnaître si dans tel ou tel fait, il y a ou non une subrogation *stricto sensu?*

a) Nous avons vu déjà que le signe distinctif de cette sorte de subrogation était le payement. Il faut qu'un payement ait été effectué, mais par un autre que le débiteur, car autrement, la dette se trouverait évidemment éteinte d'une façon définitive.

b) Mais encore faut-il que ce payement soit effectué dans des conditions particulières, conditions qui se trouvent énumérées par les articles 1251 (subrogation légale) et 1250 (subrogation conventionnelle).

Article 1251. — L'article 1251 énumère les différentes conditions qui doivent être remplies pour qu'un individu soit légalement subrogé à un autre ; je me contente de transcrire l'article sans le développer, car il est suffisamment clair par lui-même.

« La subrogation a lieu de plein droit :

« 1° Au profit de celui qui étant lui-même créancier paye

un autre créancier qui lui est préférable à raison de ses privilèges et hypothèques ;

« 2° Au profit de l'acquéreur d'un immeuble qui emploie le prix de son acquisition au payement des créanciers auxquels cet héritage était hypothéqué ;

« 3° Au profit de celui qui étant tenu avec d'autres ou pour d'autres au payement de la dette, avait intérêt de l'acquitter ;

« 4° Au profit de l'héritier bénéficiaire qui a payé de ses deniers les dettes de la succession ».

Article 1250. — L'article 1250 est relatif à la subrogation conventionnelle. Il est ainsi conçu :

« Cette subrogation est conventionnelle.

« 1° Lorsque le créancier recevant son payement d'une tierce personne la subroge dans ses droits, actions, privilèges ou hypothèques contre le débiteur ; cette subrogation doit être expresse et faite en même temps que le payement ;

« 2° Lorsque le débiteur emprunte une somme à l'effet de payer sa dette et de subroger le prêteur dans les droits du créancier. Il faut, pour que cette subrogation soit valable, que l'acte d'emprunt et la quittance soient passés devant notaires ; que dans l'acte d'emprunt, il soit déclaré que la somme a été empruntée pour faire le payement, et que dans la quittance, il soit déclaré que le payement a été fait avec des deniers fournis à cet effet par le nouveau créancier.

cette subrogation s'opère sans le concours de la volonté du créancier ».

L'article 1250 prévoit donc deux cas de subrogation conventionnelle : celle qui est consentie par le créancier, celle qui est consentie par le débiteur.

1° *Par le créancier*. —Dans le premier cas, deux conditions sont exigées.

La subrogation doit d'abord être expresse, c'est-à-dire formellement exprimée dans une convention, de façon que les termes employés pour l'exprimer, manifestent clairement l'intention du créancier, de subroger dans ses droits et actions le tiers qui le paye. Mais encore n'est-il pas indispensable que le créancier se serve du terme « subroger ». Ce terme peut être remplacé par des expressions équivalentes. Il suffit que le créancier emploie l'une ou l'autre des expressions droits, actions, créances ; chacune d'elles, même prise isolément, emporte subrogation complète à tous les droits et actions du créancier, tant contre le débiteur que contre les tiers. D'ailleurs le créancier, peut restreindre les effets de cette subrogation en ne la donnant par exemple que pour les privilèges et hypothèques (1).

Quant à la seconde condition, savoir que la subrogation doit avoir lieu en même temps que le payement, son

____

(1) *Vide* Aubry et Rau, livre I. § 321, p. 118.

étude donnerait lieu à de longs développements sur lesquels je ne ferai que passer très rapidement.

D'abord pourquoi le législateur exige-t-il cette condition ? La raison en est bien simple : c'est pour que le créancier subrogeant ne puisse pas par une déclaration subséquente de subrogation, faire revivre une créance antérieurement éteinte.

Donc une subrogation, faite après coup resterait sans effet, aussi bien à l'égard des tiers qu'à l'égard du débiteur ; et pour que la simultanéité du payement et de la subrogation soit établie d'une façon formelle, il faut que la quittance qui constate le payement mentionne aussi la subrogation. Bien plus, lors même que le payement et la subrogation se trouveraient constatés par un seul et même acte, les tiers seraient cependant admis à contester cette dernière, par le motif qu'elle n'aurait eu lieu, en réalité, que postérieurement au payement; mais ce serait à eux à en faire la preuve.

2° *Par le débiteur.* — Si maintenant j'arrive aux conditions de la subrogation conventionnelle, consentie par le débiteur, je vois que deux conditions sont également exigées.

L'article 1250, 2°, suppose en effet que le débiteur emprunte des deniers pour se libérer, et dit que ce débiteur peut subroger le prêteur dans les droits et actions du créancier, sans le concours de la volonté de ce dernier, à condition que :

1° L'emploi des fonds soit affecté au payement de telle dette déterminée.

2° Que l'origine des deniers soit déclarée au moment du payement.

L'existence de ces deux conditions indispensables et qui d'ailleurs ne souffrent pas de difficultés, ne peut être constatée d'une manière valable vis-à-vis des tiers qu'au moyen d'actes notariés dressés au moment même de l'emprunt et du payement.

III. — *Différences entre la subrogation stricto sensu, la cession-transport et la délégation.*

J'ai indiqué rapidement quelles étaient les conditions indispensables exigées par la loi en matière de subrogation *stricto sensu.*

Ces diverses conditions spéciales que nous ne retrouvons pas dans la subrogation *lato sensu,* qui exige tout simplement une substitution d'une personne à une autre, nous indiquent donc une nouvelle différence entre ces deux sortes de subrogations.

Mais il est certaines opérations juridiques où il y a certainement subrogation au sens large, puisqu'il y a « confusion de personnes » selon l'expression de Dumoulin, et que certains auteurs ont confondu, à tort, je crois, avec la subrogation au sens strict.

Je veux parler principalement de la *délégation* et de la

cession-transport; et je crois que ces quelques explications seront d'autant plus utiles que nous en rencontrerons maintes fois des applications dans le courant de cette étude.

Tout d'abord ces deux opérations diffèrent déjà du payement avec subrogation, en ce qu'elles n'exigent pas les conditions spéciales de l'article 1250, 1° et 2°, mais en outre, elles s'en séparent par des caractères spéciaux qui montrent suffisamment par eux-mêmes l'intérêt pratique de cette distinction.

a) La délégation a pour but de mettre un débiteur à la place d'un autre « *delegare est vice suâ reum alium dare creditori* ». Il y a donc, par suite, changement de créancier, par rapport au délégué; mais ce changement n'est que la conséquence du changement de débiteur. Au contraire dans la subrogation, il y a directement substitution d'un créancier à un autre.

En outre, au cas de délégation, l'ancien débiteur, le déléguant peut, dans certains cas, se trouver encore exposé aux poursuites de son ancien créancier (le délégataire), de telle sorte que ce délégataire se trouve avoir deux débiteurs, l'ancien (le déléguant) et le nouveau (le délégué), (art. 1275 et 1276 C. civ.) Au cas de subrogation, au contraire, il n'y a pas un nouveau débiteur de plus, le subrogeant ne devant aucune garantie au subrogé.

De plus, la délégation, pour être parfaite, exige le concours de trois consentements, tandis que la subrogation ne suppose jamais que le concours de deux volontés au plus.

Enfin, et ceci est la différence fondamentale, la subrogation et la délégation diffèrent par leur nature. Dans la subrogation, la créance est juridiquement éteinte par le payement effectué ; ce n'est que par fiction qu'elle subsiste au profit du subrogé ; dans la délégation, au contraire, il n'y a pas eu de payement ; la créance n'est pas éteinte, elle se trouve seulement transportée au profit du délégataire, et c'est pour cette raison que le déléguant doit garantie au délégataire.

Par suite, la délégation se rapproche donc beaucoup de la cession-transport ; cependant il ne faut pas les confondre, et nous examinerons plus loin les différences qui les séparent (1).

b) Cession-transport. — La comparaison entre la subrogation *stricto sensu* et la cession-transport nous retiendra un peu plus longtemps. Ces deux opérations ont, bien entendu, un point commun, c'est la substitution personnelle ; le cessionnaire est substitué au cédant ; le subrogé est substitué au subrogeant ; mais elles diffèrent d'abord par leur nature.

« La cession de créance met en effet en présence deux
« spéculateurs, dont chacun cherche à tirer le plus grand

---

(1) Pour de plus amples développements, V. *infrà*. Première partie, chap. II, § 1, p. 67 et suiv. ; — 2e partie, chap. I, p. 192 et suivantes.

« profit possible de son marché; l'un vend une créance,
« l'autre l'achète. Ce que le créancier touche du cession-
« naire, il le reçoit comme prix de vente ; de son côté, le
« cessionnaire acquiert la créance non par suite d'une
« fiction, mais par l'effet naturel et normal du contrat, car
« la créance n'a pas été payée, mais vendue, et si le paye-
« ment éteint les créances, il n'en est pas de même de la
« vente. Au contraire, la subrogation a pour but de venir
« au secours du débiteur, en facilitant sa libération envers
« le créancier. Celui qui paye en se faisant consentir la
« subrogation ne spécule pas ; il veut rendre service au
« débiteur ; seulement il prend ses précautions pour ne pas
« être victime de son dévouement. Quant au créancier, il
« reçoit purement et simplement ce qui lui est dû, et il le
« reçoit à titre de payement; aussi la créance est-elle
« éteinte par rapport à lui, et ce n'est qu'en vertu d'une
« fiction de droit qu'elle subsiste par rapport au subrogé.
« En deux mots, la cession de créance nous apparaît
« comme un acte de spéculation, tandis que la subrogation
« est l'auxiliaire d'un bienfait; elle facilite la réalisation
« d'une pensée généreuse en garantissant au capitaliste
« qui vient au secours d'un débiteur obéré, le rembourse-
« ment de son avance » (1).

Voilà la différence fondamentale et juridique et voici
maintenant les conséquences pratiques de cette distinction.
Je ne citerai que les principales.

____

(1) Baudry-Lacantinerie, t. II, p. 744, n° 1043.

Et d'abord la cession de créances ne devient opposable aux tiers que par l'accomplissement des formalités prescrites par l'article 1690 Code civil, c'est-à-dire la notification du débiteur ou l'acceptation de ce débiteur dans un acte authentique. Au contraire le payement avec subrogation est opposable aux tiers indépendamment de l'accomplissement de toute formalité particulière.

En outre, le cessionnaire de créance n'a qu'une action : celle du créancier qui lui a cédé ses droits. Le subrogé a lui aussi cette action, mais de plus, il possède une action de son propre chef contre le débiteur, c'est, suivant les cas, l'action *mandati, negotiorum gestorum* ou *ex mutuo*; cette action purement personnelle d'ailleurs, permet au subrogé de réclamer l'intérêt de son avance (art. 1372, 1375, 2001).

Autre conséquence : la cession de créance suppose nécessairement le consentement du créancier, tandis que la subrogation peut avoir lieu contre son gré (art. 1250).

Le subrogé, et cette différence est plutôt à son désavantage, n'a jamais droit qu'au remboursement de son avance tandis que le cessionnaire peut toujours réclamer le montant intégral de la créance, quelque prix qu'il ait payé.

Enfin Pothier nous indique une cinquième différence. « La subrogation, dit-il, diffère du transport, en ce que le « créancier qui a subrogé à ses droits celui de qui il a « reçu son dû, n'étant réputé vendre et transporter sa « créance que par une pure fiction, qui ne doit pas lui pré-

judicier, il ne s'oblige à aucune garantie ». Au contraire
le cédant s'oblige à garantir la créance qu'il a cédée.

IV. — *Conclusion.*

Ces quelques explications nous montrent donc encore
une fois l'intérêt qu'il y a à distinguer la subrogation *stricto
sensu* de la subrogation *lato sensu*. Dans la délégation,
dans la cession-transport, il y a certainement subrogation
au sens large, puisqu'il y a substitution de personne à
personne et que c'est là la seule condition de cette subrogation. On dit en effet couramment que le cessionnaire
est subrogé dans les droits du cédant, que par conséquent
la cession des créances est un cas de subrogation ; de même
pour la délégation.

Ces trois opérations, cession, délégation, payement
avec subrogation ont donc un caractère commun, c'est la
subrogation ; dans toutes les trois, il y a substitution
d'une personne à une autre, il y a subrogation *lato sensu ;*
mais aussi toutes les trois diffèrent entre elles par des caractères particuliers, de même que chaque espèce diffère
des autres espèces du même genre.

Et j'arrive alors à la conclusion. Le système que j'expose est simple et facile :

La subrogation personnelle, c'est toute substitution de
personne à une autre personne, opérée pour une « cause
« juridique quelconque et par suite de laquelle, le tiers

« substitué est autorisé à exercer pour son propre compte
« et dans son intérêt personnel tout ou partie des droits et
« actions de la personne à laquelle il se trouve substi-
« tué » (1).

Cette subrogation se rencontre dans des cas très nombreux et très divers ; elle se rencontre, par exemple dans
l'article 1166, dans la délégation, dans la cession-transport, dans la vente, etc., elle se rencontre aussi dans le
payement avec subrogation qui est peut-être le cas le plus
important et le plus intéressant. Mais toutes ces opérations ne sont toutes que des ramifications d'une même ra-
cine, que les différentes espèces d'un même genre, elles
ont chacune des caractères distincts et particuliers qui permettent de ne pas les confondre entre elles.

Tel n'est point cependant le système courant. L'expression subrogation personnelle en effet, ne s'appliquerait à
proprement parler qu'au payement avec subrogation ; de
telle sorte que ce serait à tort que l'on dirait par exemple
qu'il y a subrogation dans la cession de créances.

J'avoue que cette discussion roule un peu sur une
querelle de mots ; mais je crois que le premier système
est plus simple et permet d'éviter de nombreuses confu-
sions ; c'est pourquoi je l'adopterai dans le cours de cette
étude.

(1) Aubry et Rau. loc. cit.

V. — *Division.*

Toutes ces explications ont pu paraître un peu longues et un peu arides. Je n'ai pourtant fait qu'ébaucher la théorie de la subrogation sur laquelle il y aurait tant à dire ! Mais le but que je poursuis n'est pas d'étudier la subrogation en elle-même, mais d'en rechercher les applications en matière *d'assurances contre l'incendie.* C'est pourquoi, je crois que je me serais écarté un peu de ce but, si j'avais insisté davantage sur la partie théorique.

Toujours est-il que ces quelques détails m'ont paru nécessaires et cela pour deux raisons :

D'abord parce que, de même qu'il serait dangereux pour un architecte de construire un édifice sans faire préalablement de sérieuses et profondes fondations, de même je crois qu'il serait dangereux pour ma part d'entreprendre une étude sur la subrogation, sans faire reposer cette étude sur des principes solidement établis, même si le développement de ces principes est un peu ardu et fatigant.

En outre cette distinction entre la subrogation *lato sensu* et *stricto sensu* ou, si l'on veut, entre la subrogation et le payement avec subrogation a un intéressant rapport avec les assurances contre l'incendie.

Si, en effet, l'on n'envisage la subrogation en matière d'assurances contre l'incendie, que dans son sens strict, nous ne trouvons guère qu'un cas de subrogation ; c'est la subrogation de l'assureur dans les droits de l'assuré contre les tiers responsables du sinistre. Si au contraire et c'est ici le cas, puisque le titre que j'ai pris n'est soumis à aucune restriction, l'on envisage la subrogation en général, cette expression doit être également prise dans son sens large, le sujet se trouve par là même beaucoup plus étendu et il comprend notamment une question fort intéressante : l'étude d'une grande partie de la loi du 19 février 1889. Je diviserai donc cette étude en deux parties principales, et, me conformant à la distinction classique, j'étudierai d'abord la subrogation légale, puis la subrogation conventionnelle en matière d'assurances contre l'incendie.

Il n'y a qu'un cas de subrogation légale en matière d'assurances contre l'incendie ; c'est celui qui résulte de la loi du 19 février 1889.

Dans la deuxième partie, j'envisagerai deux cas de subrogation conventionnelle, d'importance très inégale d'ailleurs : la subrogation consentie par l'assuré au profit de ses créanciers privilégiés ou hypothécaires, et la subrogation de l'assureur dans les droits de l'assuré contre les tiers responsables du sinistre.

PREMIÈRE PARTIE

SUBROGATION LÉGALE : LOI DU 19 FÉVRIER 1889

CHAPITRE PREMIER

PRÉLIMINAIRES ET HISTORIQUE

§ Ier. — Préliminaires.

La subrogation, nous l'avons vu, est la substitution soit d'une chose, soit d'une personne à une autre chose ou à une autre personne.

La question que nous avons donc à nous poser est celle-ci : Existe-t-il dans notre législation, en matière d'assurances contre l'incendie, des cas de *subrogation légale?* Existe-t-il quelque disposition où, soit une personne, soit une chose, se trouvent par le seul effet de la loi, substituées à une autre personne ou à une autre chose?

Ce caractère de substitution légale se rencontre certainement dans une loi récente, la loi du 19 février 1889 et c'est cette loi que nous avons à étudier dans notre première partie.

Mais comme le disait M. Maunoury, rapporteur de la Commission à la Chambre, « la loi de 1889 n'est pas une, « les dispositions en sont disparates ; elles n'ont entre « elles aucun lien : » et en effet cette loi manque tout à fait d'unité. En vain chercherait on entre ses dispositions un principe commun : l'article premier vise un but spécial, le développement du crédit du fermier et elle atteint ce but en restreignant le privilège du bailleur, il ne s'applique donc qu'à une catégorie très restreinte de citoyens.

Les articles 2, 3, 4, ont au contraire une portée générale ; c'est une disposition de droit commun et cette disposition a pour but de régler l'attribution des indemnités d'assurances.

Aucun rapport n'existe entre les deux réformes que cette loi consacre ; on peut donc sans inconvénient étudier séparément chacune de ses dispositions et même négliger complètement l'étnde de l'une d'elles.

Je laisserai donc de côté l'article premier et n'envisagerai que les articles 2, 3, 4, ainsi conçus :

Article 2. — « Les indemnités dues par suite d'assurance « contre l'incendie, contre la grêle, contre la mortalité .« des bestiaux ou les autres risques sont attribuées sans

« qu'il y ait besoin de délégation expresse, aux créanciers
« privilégiés ou hypothécaires suivant leur rang.

« Néanmoins, les payements faits de bonne foi avant
« opposition sont valables.

Article 3. — « Il en est de même des indemnités dues
« en cas de sinistre par le locataire ou par le voisin,
« par application des articles 1733 et 1382 du Code
« civil.

« En cas d'assurance du risque locatif ou du recours du
« voisin, l'assuré ou ses ayants droit ne pourront toucher
« tout ou partie de l'indemnité, sans que le propriétaire
« de l'objet loué, le voisin ou le tiers subrogé à leurs
« droits, aient été désintéressés des conséquences du
« sinistre.

Article 4. — « Les dispositions de l'article 2 ne pré-
« judicieront pas aux droits des intéressés, dans le cas
« où l'indemnité aurait fait l'objet d'une cession éven-
« tuelle à un tiers, par acte ayant acquis date certaine au
« jour où la présente loi sera exécutoire, à la condition
« toutefois que le transport, s'il n'a pas été notifié anté-
« rieurement en conformité de l'article 1690 du Code
« civil, le soit au plus tard dans le mois qui suivra. »

§ 2. — Historique.

Notre but est donc de rechercher quelle sorte de subrogation se trouve contenue dans la loi de 1889. Mais avant d'étudier les termes mêmes de cette loi, il nous faut dire comment cette idée est née et quelle fut son évolution à travers l'histoire.

A. — *Sous l'empire du Code.* — Depuis longtemps déjà une grosse controverse s'était élevée. Lorsqu'un incendie détruisait un immeuble, une maison par exemple, que cette maison avait fait l'objet d'un contrat d'assurance et que par conséquent une indemnité était due par l'assureur à l'assuré, les créanciers qui avaient des droits réels sur la maison et dont le gage avait disparu par suite de l'incendie, conservaient-ils leurs droits sur cette indemnité? En un mot, fallait-il considérer l'indemnité d'assurance comme représentant la chose détruite et l'attribuer par préférence aux créanciers ayant privilège ou hypothèque sur cette chose?

Devait-on au contraire ne voir dans cette indemnité que l'équivalent des primes payées par l'assuré; une créance mobilière sur laquelle avaient des droits égaux tous les créanciers?

Le Code n'avait pas prévu cette question; en effet, l'assurance alors existait à peine, et, à cette époque, on ne pouvait prévoir le rôle considérable qu'elle prendrait dans la suite.

Mais déjà, sous la Restauration, l'assurance avait pris un certain développement. Aussi les créanciers hypothécaires dont le gage avait été détruit par la perte de la chose hypothéquée, eurent-ils la prétention de faire valoir leur privilège sur l'indemnité due pour assurance à raison de la destruction de la chose. Deux cours d'appel accueillirent leur prétention (1).

La Cour de Colmar décidait que le prix de l'assurance « représente l'immeuble assuré et que, comme lui, il est « le gage des créanciers hypothécaires au préjudice des « quels le propriétaire de la maison incendiée ne peut pas « toucher les fonds ».

La Cour de Rouen considérait que « si un débiteur a « quelques droits et actions par rapport à une chose, il est « tenu de les céder à son créancier et que l'hypothèque « suit chaque portion des immeubles affectés, dans « quelques mains qu'ils passent; que l'immeuble hypothé « qué avait été assuré en cas d'incendie et que le créan « cier avait dû prendre en considération ce droit à l'indem. « nité si le malheur prévu arrivait », etc.

Mais le mérite de ces décisions fut fortement contesté, et tout d'abord par la doctrine.

____

(1) Colmar, 25 août 2826 ; *D. Ass. terr.*, *Jur. gén.*, p. 340, note ; Rouen, 27 décembre 1828 ; *D. Ass. terr.*, *Jur. gén.*, p. 348, note.

« L'hypothèque, disait-on, est éteinte par la perte de
« l'immeuble hypothéqué. Comment donc atteindra-t-elle
« une somme qui n'est allouée que *ex post facto* à titre
« d'indemnité pour le propriétaire » (1).

Et d'ailleurs, si l'on admettait cette prétention, on recon-
naissait par là même une hypothèque mobilière au profit
des créanciers privilégiés ou hypothécaires, en leur permettant d'exercer leurs droits réels sur une somme d'argent, sur l'indemnité d'assurance.

La jurisprudence protesta également et la Cour de
Cassation, rigoureuse interprète des principes, cassa le
28 juin 1831, l'arrêt de la Cour de Rouen :

« Attendu qu'il n'y a aucune loi qui affecte la somme
« assurée, en cas de perte de l'immeuble péri par incendie,
« aux créanciers qui étaient inscrits sur cet immeuble,
« par préférence aux créanciers chirographaires de l'as-
« suré ;

« Que la somme assurée n'est pas un prix de vente,
« mais le produit du contrat d'assurance, sans lequel elle
« ne serait pas due ; qu'elle n'est pas susceptible d'hypo-
« thèque, etc. » (2).

Sauf quelques rares dissidences, la doctrine et la jurisprudence consacrèrent cette solution (3). Mais il faut avouer

---

(1) Troplong, *Priv. et hyp.*, t. IV, p. 75, n° 890.
(2) D. P., In. *gen.*, p. 348, note V. Ass. terrestres.
(3) Bourges (7 février 1834) ; Poitiers (26 février 1834) ; Orléans,
(5 mars 1853), D. P., 55, 2, 341.

que cette doctrine, quelque juridique qu'elle fût, avait de graves inconvénients et n'était guère équitable.

M. Boudousquié le fait remarquer (1) : « Si l'on admet-
« tait en effet que l'indemnité ne représente pas la chose
« assurée, il s'ensuivrait que le donataire, sujet à la
« réduction ou au rapport, ou au droit de retour, que le
« grevé de substitution, et généralement tous ceux qui
« n'ont sur la chose qu'un droit résoluble, trouveraient;
« en cas de sinistre, un bénéfice certain dans l'assurance ;
« car l'action de ceux qui peuvent exiger le rapport ou la
« restitution s'éteignant par la perte de la chose, arrivée
« par cas fortuit, avant l'avènement de la condition réso-
« lutoire, ils n'auraient aucun droit sur le produit de
« l'assurance, s'ils ne représentaient pas la chose assurée.
« Ainsi l'assuré profiterait de la valeur de la chose sujette
« au rapport ou à la restitution, et serait dégagé de l'obli-
« gation de restituer. »

De même, M. Plautre (2) constate que la jurisprudence de la Cour de Cassation a cette conséquence bizarre d'améliorer, dans un très grand nombre de cas, au détriment des créanciers hypothécaires, la situation des créanciers chirographaires, c'est-à-dire des créanciers les moins vigilants et les moins protégés.

Aussi la doctrine, tout en approuvant la jurisprudence qui avait prévalu, émit-elle le vœu qu'une décision légis-

---

(1) Boudousquié, *Traité de l'assurance contre l'incendie*, n° 316.
(2) Plautre, *Revue du Notariat*, nov. 1865, n° 1278.

lative consacrât le principe posé par les décisions des cours de Colmar et de Rouen, et en 1841, le gouvernement, pour satisfaire à cette juste réclamation, ordonna une enquête sur cette question d'attribution des indemnités d'assurance.

« Lorsqu'un bâtiment est assuré, disait le questionnaire « adressé aux cours d'Appel et aux Facultés, l'indemnité « due par l'assureur doit-elle être immobilisée pour être « distribuée selon l'ordre des hypothèques ? »

Généralement on se prononça pour l'affirmative. (Cours de Grenoble, Amiens, Angers, Rouen, Nîmes, Paris, Orléans, Faculté de Poitiers.)

C'est alors qu'en 1844, un projet de loi fut préparé proposant d'ajouter à l'article 2189 du Code civil, une disposition ainsi conçue : « Les privilèges et hypothèques s'éteignent par la perte ou la destruction de la chose hypothéquée. Néanmoins, ce qui peut en rester et les indemnités dues au débiteur sont affectées au payement des créances privilégiées et hypothécaires, selon le rang de chacune d'elles. »

Le projet vint devant le Conseil d'Etat qui adopta le principe de la réforme; il fit néanmoins certaines réserves, trouvant que ce principe avait été posé en termes trop absolus (rapport de M. Bethmont, conseiller) (1).

Là Commission de la Chambre adopta purement et

____

(1) Escorbiac, p. 315. *Commentaires sur la loi du 19 fév. 1889 ; — Lois nouvelles*, année 1889, nos 9, 10, 11.

simplement la réforme proposée (1). Bien plus, elle en étendit
l'application ; en effet, elle admettait que la substitution
pouvait avoir lieu, même lorsque l'objet péri était mobilier. Mais ces termes trop absolus furent vivement

(1) Rapport de M. Vatisménil : « L'indemnité que reçoit le proprié-
« taire d'une maison incendiée, disait-il, a une destination indiquée
« par la nature des choses. Elle devrait servir à reconstruire l'immeuble
« plutôt qu'à une distribution de prix. Si la réforme se bornait à exiger
« que les sommes payées par l'assureur fussent consacrées à la restau-
« ration du gage, si elle donnait aux créanciers privilégiés et hypothé-
« caires le droit d'exiger cet emploi, il y aurait tout à la fois pour le
« prêteur et pour l'emprunteur, la saine exécution du contrat, en même
« temps que le respect des intérêts et des droits du propriétaire. Le
« projet, en exigeant la distribution de la somme payée par l'assureur,
« place le propriétaire dans l'impossibilité de reconstruire et de
« réparer. Il convertit pour lui la propriété qui a été attaquée par le
« feu, en un terrain couvert de décombres, qui restera tel, et en une
« somme d'argent dont s'emparent les créanciers hypothécaires :
« résultat funeste à tous les intérêts. Si l'incendie a détruit les bâti-
« ments d'une ferme, lesquels sont hypothéqués en même temps que
« les terres, les conséquences seront encore plus déplorables. Ne pas
« reconstruire les bâtiments brûlés, c'est anéantir l'exploitation agri-
« cole. Le fermier demandera la résiliation du bail. La réforme devrait
« donc se borner à imposer au propriétaire emprunteur l'obligation de
« consacrer les indemnités d'assurance au rétablissement du gage.
« Ramenée à ces termes, elle se concilierait avec la doctrine, et satis-
« ferait à tous les intérêts. Toutefois nous avons cru devoir, en écri-
« vant dans la Loi une stipulation devenue générale, suivre les indica-
« tions d'une pratique constante. Les particuliers, s'ils le jugent bon,
« pourront, par des conventions spéciales, déroger à la loi nouvelle.
« D'après la loi, l'indemnité représentera la chose détruite, et sera
« soumise aux mêmes privilèges et hypothèques. Rien n'est plus équi-
« table ; et, en matière d'immeubles, rien n'est plus favorable au Crédit
« foncier, puisque c'est un accroissement de sûreté pour le prêteur. »

critiqués et la Commission dût modifier son rapport dans le même sens que le Conseil d'Etat.

Puis les choses en restèrent là. Malgré les réclamations de nombreux auteurs et notammant de MM. Dalloz et Paul Pont (1), la disposition ne fut pas convertie en loi. C'est alors que les créanciers privilégiés ou hypothécaires, pour remédier autant que possible aux inconvénients qui résultaient pour eux de la doctrine généralement admise, imaginèrent certain procédé qui devint bientôt absolument de style. Dans tous les actes de prêt hypothécaire ou de vente immobilière, l'emprunteur ou l'acquéreur s'engageaient à faire assurer les immeubles hypothéqués ou acquis, s'ils ne l'étaient pas déjà, et convenaient entre eux que l'indemnité due au cas de sinistre serait transportée au créancier ou au vendeur non encore payés. Une cession-transport était donc consentie par le débiteur ou l'acheteur au créancier hypothécaire ou au vendeur privilégié. Ceux-ci étaient donc subrogés *lato sensu* à ceux-là et pouvaient réclamer directement, au cas de sinistre, le montant de

____

(1) M. Dalloz : « Il serait équitable que l'indemnité d'assurance « fût distribuée par ordre de privilège et d'hypothèque. »
M. Paul Pont : « Peut-être serait-il rationnel et équitable qu'il en « fût ainsi (que l'indemnité d'assurance fût attribuée aux créanciers « privilégiés ou hypothécaires); car enfin les créanciers chirographaires « n'ont rien à prétendre sur l'immeuble qui a péri. Et puisque cet « immeuble était le gage des créanciers hypothécaires, il serait naturel « de leur attribuer par préférence une indemnité qui; si elle n'est pas « le prix proprement dit de la chose, remplace au moins la chose « après sa destruction (*Traité des privilèges et hypothèques.*)

l'indemnité, jusqu'à concurrence du montant de leur créance.

On pouvait également procéder d'une autre façon. Le propriétaire de l'immeuble hypothéqué (déléguant) pouvait stipuler que, si un sinistre se produisait, la compagnie d'assurances (délégué), verserait le montant de l'indemnité entre les mains du créancier hypothécaire (délégataire).

Ces deux sortes de stipulations étaient du reste soumises aux conditions particulières exigées par la loi (art. 1690 et suiv. (cession), art. 1271 et suiv. (délég.) (1).

B. — *Élaboration du projet de loi.* — Donc malgré le projet de 1844, malgré les réclamations des auteurs, la réforme depuis si longtemps désirée, n'avait pas encore pu aboutir. Ce n'est qu'en 1882, que la question fut remise en discussion et dans un but tout particulier : en vue de réorganiser le crédit agricole. Le 22 juillet de cette même année, MM. de Mahy et Léon Say, ministres de l'Agriculture et des Finances, déposaient en effet sur le

---

(1) Généralement, on confond ensemble ces deux opérations, en les réunissant sous une même expression ; nous avons vu plus haut (introduction) qu'elles différaient entre elles par certains caractères ; aussi j'ai pensé qu'il était préférable de les distinguer. D'ailleurs nous reviendrons plus loin sur l'étude de ce régime antérieur à la loi de 1889, régime qui peut avoir encore aujourd'hui une certaine utilité. En effet, si nous nous rappelons les principes généraux de la subrogation, nous voyons que dans ces deux opérations, il y a certainement une subrogation conventionnelle. Leur étude doit donc être renvoyée à la deuxième partie de cette thèse, deuxième partie consacrée spécialement à la subrogation conventionnelle.

bureau du Sénat un projet ayant pour but de favoriser le crédit agricole, protéger les fermiers et les agriculteurs. On était alors en pleine crise agricole. De mauvaises et infructueuses années, en restreignant beaucoup la produc- tion des récoltes françaises, avaient diminué en même temps la valeur des terres. Le marché français, non encore protégé par les lois nouvelles, était envahi par les blés étrangers qui se vendaient à vil prix. Notre agriculture s'en allait peu à peu à la ruine. C'est alors que les écono- mistes élaborèrent différents projets de loi destinés à pro- téger les agriculteurs, et leur permettant, comme le projet du 22 juillet, de trouver plus facilement du crédit.

Une Commission avait déjà été nommée en 1879 pour étudier le nouveau projet du 22 juillet. C'était d'ailleurs la quatrième fois qu'on mettait cette question à l'étude. Trois fois déjà, en 1845, en 1848, en 1856 des Commissions avaient vainement tenté de la faire aboutir, mais s'étaient heurtées à l'opposition des juristes et du Conseil d'État.

Lors de son dépôt sur le bureau du Sénat, le projet conte- nait quatre articles sous le titre de « Loi sur l'organisation du crédit agricole ».

I. Nantissement sans déplacement du gage ;

II. Restriction du privilège du bailleur ;

III. Subrogation de plein droit des privilèges mobiliers sur les indemnités dues par les Compagnies d'assurances ;

IV. Commercialisation des billets à ordre souscrits par les agriculteurs (1).

De ces quatre articles, les articles 1 et 4 furent repoussés par la Commission du Sénat (1). Nous les laisserons donc de côté. Nous ne nous occuperons pas non plus de l'article 2, relatif à la restriction au privilège du bailleur, et qui est complètement étranger à notre matière.

Reste donc l'article 3 sur la subrogation qui était ainsi conçu : « Tous les privilèges mobiliers s'exercent dans « l'ordre de leur classement, sur les indemnités dues par « les Compagnies d'assurances contre l'incendie, la grêle,

(1) « La cause du mal est dans notre législation civile trop protec-« trice du propriétaire foncier. Cette législation, sous l'empire de « laquelle les engagements des agriculteurs sont actuellement régis, « contribue notablement à réduire leur crédit. Dans le but de protéger « la propriété, le législateur a sacrifié quelque peu la culture du sol. « Lors de la rédaction du Code civil, l'agriculture était dans une situa-« tion très peu avancée ; les procédés étaient simples ; la culture bien-« nale dans le Midi, triennale dans le Nord, ne comportait qu'un outillage « informe et de peu de valeur ; le cheptel était sans importance, la « jachère nue, inculte, occupait la moitié ou le tiers des terres arables. « Aussi le capital argent, nécessaire aux entreprises agricoles, ne cons-« tituait qu'une minime fraction du capital engagé dans l'entreprise ; la « propriété immobilière était à peu près tout. Dans cette situation, « le législateur, ne pouvant prévoir les profondes modifications écono-« miques, que quarante ans de progrès ont produites, ne s'était préoc-« cupé que de la sauvegarde du fond. Aujourd'hui, les conditions de l'ex-« ploitation du sol sont notablement modifiées. Grâce au développe-« ment des voies de communication, ainsi qu'aux découvertes de la « science, l'agriculture s'est transformée. L'outillage représente un « capital important ; le nombre et surtout la valeur des animaux ont « considérablement augmenté ; les améliorations foncières ont été « multipliées ; enfin, la culture intensive nécessite des avances de plus « en plus considérables... Il faut chercher la solution dans une réforme « de la législation existante, et son adaptation aux besoins nouveaux. » (Rapport de la Commission).

« la mortalité des bestiaux et autres risques agri-
« coles. »

« Cette disposition, disait le rapporteur du projet,
« absolument conforme à l'équité, est de nature à favoriser
« le crédit mobilier ; elle dispense de formalités inutiles ;
« elle édicte une règle claire et précise qui ne laisse
« subsister aucun doute, tout en ne laissant place à aucun
« abus. »

Comme on le voit, le projet n'admettait le droit à l'indemnité que pour une classe très restreinte de sûretés
réelles « pour les privilèges mobiliers » seulement. De
plus il résulte bien de la teneur de l'article, qu'il fallait
que le risque assuré eût une cause agricole : « l'incendie,
la grêle, la mortalité des bestiaux et autres risques agricoles. »

Ce n'était qu'un acheminement à la réforme proposée,
mais nous verrons comment le domaine de cet article
s'élargit peu à peu et comment il devint bientôt la partie
principale de la loi du 19 février 1889.

La discussion de l'ensemble du projet s'ouvrit le 30 novembre 1883. Ce fut pour la commission un véritable dé-
sastre. Le projet faillit même sombrer tout entier sous les
coups terribles qui lui furent portés par M. Oudet, sénateur du Doubs. Sur la demande de la Commission, la discussion fut ajournée. On procéda alors à une enquête com-
plémentaire, un second projet fut élaboré et déposé le
6 décembre 1887. Ce second projet ne réussit pas encore.
Pour la troisième fois, la Commission modifia le titre et

les divers articles de sa proposition. Mais entre temps, nos honorables sénateurs avaient remarqué combien restreinte était la portée de l'article 3 relatif à la subrogation dans les indemnités d'assurances. L'un d'eux fit remarquer que si l'on accordait la subrogation au profit des créanciers nantis d'un privilège mobilier, on devait à *fortiori* accorder le même bénéfice aux créanciers nantis d'un privilège immobilier et par là même aux créanciers hypothécaires. La remarque fut approuvée, l'article fut modifié et l'ancien article 15 devenu l'article 2 du nouveau projet fut ainsi rédigé :

Article 2. « Les indemnités dues par les compagnies d'as-
« surances contre l'incendie, contre la grêle, la mortalité
« des bestiaux et les autres risques (suppression du mot :
« agricoles) sont attribuées de plein droit sans qu'il y ait
« besoin de délégation expresse aux créanciers privilégiés
« ou hypothécaires suivant leur rang. »

J'ai passé rapidement sur cet intéressant historique. J'y ai passé d'autant plus rapidement que les difficultés qu'il soulevait roulaient particulièrement sur les articles 1 et 3 du projet et comme les dispositions de ces articles sont absolument étrangères à notre matière, il serait superflu d'y insister quelque peu.

C. — *Discussion du projet.*

Il me reste maintenant à résumer très brièvement aussi la discussion du projet devant les deux Chambres.

I. — Au Sénat.

A la séance du 2 février 1889, où pour la première fois l'article 2 fut mis en discussion, M. Lenoël, sénateur, proposa d'étendre encore cet article, de l'appliquer à d'autres hypothèses, de créer par là même de nouveaux cas de subrogation légale et d'insérer ces nouveaux cas dans le Code civil au chapitre de la subrogation. Mais son amendement fut repoussé, puis, comme nous le verrons, partiellement admis dans une séance ultérieure. En effet, après avoir adopté l'ensemble de l'article 2, dans la séance du 20 février, après avoir, sur la proposition de M. Labiche, rapporteur, substitué seulement dans cet article l'expression « par suite d'assurances », à l'expression « par les compagnies d'assurances (1) le Sénat était appelé le 6 mars à discuter un amendement de M. Lacombe, amendement ayant pour but d'ajouter à l'article 2, deux nouvelles propositions qui allaient devenir l'article 3 de la loi nouvelle.

« L'article 2, dit M. Lacombe, ne subroge les créanciers
« privilégiés ou hypothécaires dans le bénéfice de l'indem-
« nité, que losqu'elle est due par un assureur. Mais il
« peut se faire que l'immeuble loué ne soit pas assuré,
« auquel cas une indemnité peut être due par le locataire
« lui-même, par application de l'article 1733 du Code civil.

______

(1) Nous en verrons plus loin l'utilité (*infrà*, p. 80).

« J'estime que, même dans cette hypothèse, l'indemnité
« doit être attribuée par privilège aux créanciers privilé-
« giés ou hypothécaires. »

Il rappelle en outre, que d'après la législation actuelle,
les indemnités dues pour assurances du risque locatif ou
du recours du voisin, doivent être distribuées au marc le
franc entre tous les créanciers du locataire responsable ou
du voisin qui par sa faute a communiqué l'incendie. Ces
indemnités étant la représentation de l'immeuble sinistré,
il serait équitable de les attribuer par privilège au propriétaire de l'immeuble loué ou de l'immeuble auquel l'incendie a été communiqué.

Enfin M. Lacombe, dans cette même séance, proposait au
Sénat d'adopter une disposition transitoire ayant pour but
de régler les conflits qui pourraient s'élever entre les
créanciers auxquels l'indemnité est déléguée par la loi
nouvelle et ceux auxquels elle a pu être cédée conventionnellement avant la promulgation de la loi, par suite d'une
clause dans le contrat de prêt ou dans l'acte de vente.

Ces trois dispositions furent adoptées dans la même
séance et sont ainsi conçues :

Art. 3 de la loi nouvelle. — « Il en est de même des
indemnités dues en cas de sinistre par le locataire ou par
le voisin par application des articles 1733 et 1382 du Code
civil. »

« En cas d'assurance du risque locatif ou du recours du
voisin, l'assuré ou ses ayants droit ne pourront toucher
tout ou partie de l'indemnité, sans que le propriétaire de

l'objet loué, le voisin ou le tiers subrogé à leurs droits n'aient été désintéressés des conséquences du sinistre. »

Art. 4. — Disposition transitoire : « Les dispositions de l'article 2 ne préjudicieront pas aux droits des intéressés dans le cas où l'indemnité aurait fait l'objet d'une cession éventuelle à un tiers, par acte ayant date certaine, au jour où la présente loi sera exécutoire, à la condition toutefois que le transport, s'il n'a pas été notifié antérieurement, en conformité de l'article 1690 du Code civil, le soit au plus tard dans le mois qui suivra. »

Enfin le 10 mars, le Sénat décida que la loi nouvelle n'ayant plus aucun rapport avec le crédit agricole, il importait d'en modifier le titre. Au titre sous lequel elle avait été présentée, fut substitué le titre suivant : «Loi sur la restriction du privilège du bailleur d'un fonds rural, et sur l'attribution des indemnités d'assurance. »

II. — A *la Chambre.*

Le 27 juin 1888, M. Viette, ministre de l'agriculture, avait déposé sur le bureau de la Chambre des députés le projet qui fut ensuite voté par le Sénat. Une commission fut nommée pour étudier ce projet; M. Maunoury, rapporteur, déposa son rapport le 17 novembre 1888, et la Chambre, dans ses séances du 26 janvier et du 5 février 1889, adopta sans discussion les dispositions du rapport.

La loi fut promulguée le 20 février. En voici le texte :

Loi relative à la restriction du privilège du bailleur

d'un fonds rural et à l'attribution des indemnités dues par suite d'assurances.

Art. premier. — Ne nous intéresse pas (restriction au privilège du bailleur).

Art. 2. — Les indemnités dues par suite d'assurances contre l'incendie, contre la grêle, contre la mortalité des bestiaux ou les autres risques, sont attribuées sans qu'il y ait besoin de délégation expresse, aux créanciers privilégiés ou hypothécaires suivant leur rang.

Néanmoins les payements faits de bonne foi avant opposition sont valables.

Art. 3. — Il en est de même des indemnités dues en cas de sinistre par le locataire ou par le voisin, par application des articles 1733 et 1382 du Code civil.

En cas d'assurance du risque locatif ou du recours du voisin, l'assuré ou ses ayants droit ne pourront toucher tout ou partie de l'indemnité, sans que le propriétaire de l'objet loué, le voisin ou le tiers subrogé à leurs droits, aient été désintéressés des conséquences du sinistre.

Art. 4. — Les dispositions de l'article 2 ne préjudicieront pas aux droits des intéressés dans le cas où l'indemnité aurait fait l'objet d'une cession éventuelle à un tiers, par acte ayant date certaine au jour où la présente loi sera exécutoire, à la condition toutefois, que le transport, s'il n'a pas été notifié antérieurement, en conformité de l'article 1690 du Code civil, le soit au plus tard dans le mois qui suivra.

§ 3. — Lois similaires en France et à l'étranger.

L'attribution de l'indemnité d'assurances aux créanciers privilégiés ou hypothécaires était donc depuis longtemps prévue et depuis longtemps attendue.

A. — *En France.*

Du reste, nous avions déjà en France des précédents législatifs absolument similaires. C'était d'abord la loi du 27 avril 1825 (1) qui décidait que les indemnités dues aux propriétaires dont les immeubles avaient été *confisqués* étaient dévolues de plein droit et par préférence aux créanciers privilégiés et hypothécaires.

C'était surtout la loi du 3 mai 1841, sur *l'expropriation pour cause d'utilité publique*, qui attribuait l'indemnité aux créanciers qui avaient des hypothèques ou des privilèges sur l'immeuble exproprié (2).

De même la loi du 28 mai 1858 sur les négociations concernant les marchandises déposées dans les *magasins*

(1) Art. 18, alinéa 2 : « Ces créanciers (privilégiés et hypoth.), exercent leurs droits suivant le rang des privilèges et hypothèques qu'ils avaient sur les immeubles confisqués.

(2) Art. 17, alinéa 3. Les créanciers inscrits n'auront dans aucun cas la faculté de surenchérir, mais ils pourront exiger que l'indemnité soit fixée conformément au titre IV.

généraux dispose que « les porteurs de récépissés et de warrants ont sur les indemnités d'assurances dues, en cas de sinistre, les mêmes droits et privilèges que sur la marchandise assurée » (1).

Enfin la loi du 10 décembre 1874 (2), depuis abrogée, dispose que « les créanciers ayant hypothèque sur un navire ou portion de navire, le suivent en quelques mains qu'il passe, suivant l'ordre de leurs incriptions ».

B. — A *l'étranger.*

Nos voisins nous ont précédés et suivis dans cette innovation si utile et souvent ils l'ont mieux comprise que nous.

Mais, comme je n'ai point pour but d'entreprendre dans cette thèse une étude complète de la loi de 1889, laquelle loi a déjà été souvent commentée, je ne veux pas insister longuement sur cette législation comparée. Aussi je me contente de renvoyer, pour de plus amples déveloloppements, au très intéressant travail de M. Feltin, où cette question de législation est traitée de façon très complète (3).

Qu'il me suffise donc d'indiquer les principales lois

(1) Art. 10 de la loi.
(2) Article 18 de la loi, § 1.
(3) V. Thèse de M. Feltin, Nancy, 1893, 2ᵉ partie.

étrangères qui prévoient cette question d'attribution des indemnités d'assurances.

1° *Belgique.* — Art. 10 de la loi du 16 septembre 1851 (1).

C'est d'abord la Belgique : le législateur belge, plus logique que le nôtre, n'a pas craint d'étendre le principe de l'attribution, en assimilant à l'indemnité d'assurance toute indemnité pouvant être due pour quelque motif que ce soit (quasi-délit, quasi-contrat, etc.), par suite de la perte ou de la détérioration d'un objet grevé d'un droit de préférence.

---

(1) « Lorsqu'un immeuble, les récoltes ou des effets mobiliers auront été assurés soit contre l'incendie, soit contre tout autre fléau, la somme qui, en cas de sinistre, se trouvera due par l'assureur, devra, si elle n'est pas appliquée par lui à la réparation de l'objet assuré, être affectée au payement des créances privilégiées ou hypothécaires, selon le rang de chacune d'elles.

Il en sera de même de toute indemnité qui serait due par des tiers à raison de la perte ou de la détérioration de l'objet grevé de privilège ou d'hypothèque. »

Adde loi belge du 11 juin 1874 (art. 6, 7, 8, 38).

Art. 6. ... Dans ces cas, l'indemnité, due à raison du sinistre, est subrogée de plein droit à leur égard aux biens assurés qui formaient leur gage.

Art. 38. En cas d'incendie d'un immeuble, l'indemnité due au locataire qui a fait assurer le risque locatif est dévolue au propriétaire de l'immeuble à l'exclusion des créanciers de l'assuré.

De même, l'indemnité due par l'assureur du risque du recours des voisins appartient exclusivement à ceux ci. Le tout sans préjudice des droits du propriétaire et des voisins dans le cas où l'indemnité ne les couvrirait pas de la perte. »

D'autre part, il s'est bien gardé d'adopter une disposition analogue à celle du deuxième alinéa de notre article 2, d'où naissent, comme nous le verrons, tant de difficultés et à celle de notre article 3 quant à l'attribution de l'indemnité due au locataire. Aussi ne voit-on en Belgique aucune difficulté dans l'application de la loi.

Enfin la loi belge décide que l'indemnité ne sera « affectée au payement des créances hypothécaires » que « si l'indemnité d'assurance n'est pas appliquée par le sinistré à la réparation de l'objet assuré ». C'est là encore une très sage disposition que notre législateur aurait bien fait de reproduire.

2° *Prusse.* — De même, la loi prussienne du 5 mai 1872 rendue sur l'organisation du régime hypothécaire décide, dans son article 30, que « l'inscription d'une hypothèque, ou dette foncière, garantit l'indemnité d'assurance allouée aux propriétaires pour fruits, dépendances et bâtiments incendiés ou endommagés par le feu, à moins que cette indemnité ne doive être employée, d'après la police d'assurances, à la reconstruction des bâtiments. » C'est là une disposition tout à fait analogue à celle de la loi belge.

3° *Suisse.* — *Canton de Genève.* — Loi du 21 septembre 1870. Cette loi n'a trait qu'aux indemnités d'assurances contre l'incendie, mais tout en édictant le même principe que les autres lois, elle est cependant beaucoup plus complète en ce sens qu'elle a prévu les conséquences pratiques que l'application de ce principe devait entraîner fatalement; ce qui l'a amenée à en régler sagement la procédure.

Canton d'Unterwalden. — Loi du 21 avril 1887.

Les créanciers hypothécaires ont le droit, d'après cette loi, de se faire attribuer l'indemnité versée, en diminution de leurs créances hypothécaires. Mais si le propriétaire de l'immeuble déclare qu'il veut reconstruire le bâtiment brûlé, il a un droit de préférence sur l'indemnité pour les frais de construction. Un délai lui est imparti pour faire cette déclaration et cette reconstruction.

Canton de Berne. — La loi du 30 octobre 1880 dispose : « Le payement de l'indemnité n'aura pas lieu sans l'autorisation des créanciers hypothécaires, que le propriétaire reconstruise ou non son bâtiment ». Comme on le voit, cette loi se rapproche beaucoup de la nôtre, puisque l'attribution a lieu au profit des créanciers hypothécaires, que le propriétaire reconstruise ou non sa maison.

4° *République Argentine.* — Dans ce pays une loi spéciale du 24 septembre 1886 ayant eu pour objet de créer une banque hypothécaire nationale reconnaît à celle-ci dans son article 37, le droit d'exiger du propriétaire qu'il assure les biens offerts ou déjà donnés en hypothèque.

En cas de sinistre, ajoute ce même article, le montant de l'indemnité est touché par la banque.

5° *Espagne*. — L'article 1877 du Code civil espagnol décide que l'hypothèque s'étend au montant des indemnités accordées ou dues au propriétaire par les assureurs des biens hypothéqués.

6° *Italie*. — Enfin l'article 12 de la loi italienne du 23 janvier 1887 décide que « si les objets soumis au privilège, sont assurés, les sommes dues par les assureurs à titre d'indemnité pour pertes ou dommages sont affectées au payement de la créance privilégiée, selon son rang, à moins que les mêmes sommes ne soient employées à réparer la perte ou le dommage » (1).

(1) *Adde* Alsace-Lorraine, loi du 4 juillet 1881, Prusse rhénane, loi du 17 mai 1884.

CHAPITRE II

§ 1. — Article 2 et article 3, § I.

A. — PRÉLIMINAIRES.

La loi de 1889, est de l'avis de tous, mal divisée. Deux de ses dispositions, l'article 2 et l'article 3, § 1, ont en effet le même objet : attribuer directement l'indemnité aux créanciers privilégiés ou hypothécaires du sinistré, permettre à ces créanciers d'exercer leurs droits de préférence sur l'indemnité. Sans doute, ces deux dispositions diffèrent entre elles, en ce sens que dans l'article 2 l'indemnité se trouve due par un assureur, tandis que dans le § 1 de l'article 3 elle se trouve due « par un locataire ou un voisin par application des articles 1733 et 1382 du Code civil » ; mais sauf cette différence elles ont le même but et les mêmes conséquences ; les mêmes principes leur sont applicables.

Au contraire, le § 2 de l'article 3 vise une hypothèse

toute différente et toute spéciale ; d'un autre côté, le dernier alinéa de l'article 2 : « Néanmoins les payements faits de bonne foi... » qui s'applique certainement au § 1 de l'article 3, est certainement aussi, absolument étranger au § 2.

Il semble donc plus logique et plus conforme à l'esprit de la loi, de séparer l'un de l'autre ces deux paragraphes et d'étudier ensemble l'article 2 et l'article 3, § 1. Je réunirai donc dans un premier paragraphe ces deux dispositions et dans une seconde division, j'étudierai le § 2 de l'article 3.

B. — BUT DE LA LOI. — EFFETS DE L'ATTRIBUTION.

« L'indemnité, dit la loi, sera attribuée sans qu'il y ait besoin de délégation expresse, aux créanciers privilégiés ou hypothécaires. »

Quel est le caractère juridique de cette disposition, quelle est la portée exacte de cette attribution, telle est la question qu'il nous faut résoudre tout d'abord ; en effet, suivant la réponse faite à cette question, les conséquences de cette attribution peuvent être très différentes.

Trois systèmes principaux ont été soutenus, suivant que l'on voit dans cette attribution ainsi faite au profit des créanciers :

Soit une *cession légale* des droits appartenant primitivement au débiteur ;

Soit une *délégation légale* par laquelle ces mêmes droits sont transportés du débiteur aux créanciers ;

Soit une *subrogation légale*, à la fois réelle, l'indemnité étant substituée à l'immeuble qu'elle remplace, et personnelle, les créanciers étant investis de droits qui appartenaient primitivement au débiteur.

I. — *Système de la cession légale.*

Les partisans de ce premier système, à peu près abandonné aujourd'hui, soutenaient que la loi de 1889 aurait eu pour but de consacrer légalement la cession conventionnelle que les créanciers avaient l'habitude de stipuler en consentant un prêt hypothécaire et de les dispenser des formalités accessoires qui accompagnaient cette cession (remise de la police, etc.) Mais il n'y aurait toujours là qu'une cession et par conséquent les formalités prescrites par l'article 1690 du Code civil (signification au débiteur, acceptation du débiteur dans un acte authentique) seraient toujours obligatoires sous l'empire de la loi nouvelle.

En effet, disait-on, pour que le créancier hypothécaire ou privilégié fût dispensé de notifier à l'assureur la cession qu'il tient de la loi, il faudrait une disposition formelle autorisant cette dispense. L'article 2 n'ayant pas dérogé au droit commun (art. 1690), il faut nécessairement en induire que la cession légale doit de même que la cession conventionnelle être notifiée à l'assureur.

Et en outre on invoquait un argument d'analogie. Dans la loi, aujourd'hui abrogée, du 10 décembre 1874 sur l'hypothèque maritime, le créancier hypothécaire auquel était attribuée de plein droit l'indemnité d'assurance, n'était pas tenu, il est vrai, d'avertir l'assureur. Mais il en était ainsi parce que la loi l'en avait formellement dispensé (1). Cette dispense n'existe pas dans la loi nouvelle. Le créancier doit donc se conformer aux prescriptions du Code et prévenir l'assureur au moyen des formalités de l'article 1690.

Mais ce système fut bientôt à peu près abandonné. Et en effet, quelle aurait été, si l'on devait adopter cette opinion, l'utilité de la loi de 1889 alors qu'il était absolument devenu de style dans tous les prêts hypothécaires, dans toutes les ventes d'immeubles, de stipuler au profit du prêteur ou de l'acquéreur, une cession ou une délégation de l'indemnité d'assurances. D'ailleurs le texte de la loi évite de prononcer le mot de cession ; c'est l'attribution directe du bénéfice de l'indemnité qu'elle prononce au profit des créanciers et cette attribution leur donne assurément des droits plus efficaces et plus complets que ceux qui résulteraient d'une simple cession.

En outre l'intention du législateur est évidente. « Le but de l'attribution, disait M. Lacombe (2), est de suppri-

____

(1) Dans le cas prévu par le présent article, l'inscription de l'hypothèque vaut opposition au payement de l'indemnité d'assurance (art. 17, loi du 10 déc. 1874).

(2) Rapport de la Commission au Sénat.

mer des formalités gênantes et onéreuses ». Or quelles étaient avant la loi nouvelle les formalités gênantes et onéreuses? Ce n'était pas la stipulation de la cession-délégation (il suffisait pour cela d'ajouter quelques mots au contrat de prêt) mais bien la notification.

De plus, on a dit maintes fois au cours de la discussion : « l'indemnité doit être traitée comme un prix de vente ». Or les créanciers inscrits sur un immeuble ne sont point tenus de se conformer aux formalités de l'article 1690 du Code civil.

Et enfin qu'il me soit permis de rapporter ces quelques mots de M. Lacombe : « les droits des créanciers privilé-« giés ou hypothécaires sont transportés de plein droit « sur les indemnités allouées par les Compagnies d'assu-« rances. C'est là une modification complète du droit « actuel..... en ce sens que le projet fait échapper une « série de valeurs mobilières, de créances, aux disposi-« tions de l'article 1690, d'après lesquelles le cessionnaire « n'est saisi à l'égard des tiers que par la notification du « transport, etc... »

Il résulte donc bien et du texte de la loi et des travaux préparatoires, que la loi nouvelle a eu pour but de supprimer dans l'avenir les formalités de l'article 1690. Par conséquent le système de la cession légale doit être repoussé et, de fait, les auteurs semblent aujourd'hui d'accord sur ce point.

II. — *Système de la délégation légale* (1).

Un second système consiste à voir dans la loi du 19 février 1889 une *délégation légale*. Nous avons vu en effet, qu'avant la loi nouvelle, les contrats hypothécaires contenaient presque toujours une clause de cession ou délégation au profit du créancier. La loi sous-entend aujourd'hui ce qu'il était nécessaire de stipuler expressé- ment auparavant. Mais c'est toujours une délégation qui intervient, seulement, cette délégation est légale au lieu d'être conventionnelle. La rédaction du texte de la loi le prouve, d'ailleurs, d'une façon manifeste : « sans qu'il y ait besoin de délégation expresse », c'est donc qu'il y a une délégation tacite, de plein droit, légale.

Les travaux préparatoires sont, dit-on, également dans ce sens. M. Lacombe dit dans son discours au Sénat : « Désormais à côté de la délégation conventionnelle, il « existera une délégation de plein droit au profit des « créanciers privilégiés ou hypothécaires » (2).

Je ne crois pas que ce système soit vraiment juridique, et cela pour une raison bien simple : c'est que la déléga- tion est conventionnelle et ne peut pas être légale (3). Bien plus, alors que toute convention n'exige ordinaire-

---

(1) Escorbiac. *op. cit.*, p. 403, Adde *Pandectes françaises*. V. Assu- rances, n⁰ 1535 et suiv., n⁰ 1560, p. 131 et 134.

(2) Séance du 6 mars 1888, *J. Offic.*, 1888, p. 234.

(3) Vide *suprà*, Introduction, p. 28.

ment que l'accord de deux volontés, la délégation suppose le concours de trois volontés, le déléguant, le délégué et le délégataire. D'où je tirerai cette conséquence qu'il ne pourra y avoir de délégation que là où ce concours de trois volontés pourra se manifester. Or il ne peut se manifester que dans une convention ; donc il ne peut pas exister de plein droit, donc il n'y a pas de délégation légale.

De plus, même en admettant qu'il puisse exister des exemples de délégation légale, ce système ne doit pas être adopté parce qu'il est contraire aux conséquences de la théorie générale de la délégation.

Précisons l'hypothèse. Primus (assureur) est débiteur d'une somme de 50.000 francs envers Secundus (assuré) dont la maison a été incendiée. Secundus est débiteur envers Tertius (créancier hypothécaire) d'une somme de 20.000 fr. Admettons pour un instant que Primus soit délégué de plein droit, en vertu de la loi de 1889, à Tertius. Quels sont les effets de cette délégation ? Il ne faut pas oublier les principes généraux qui gouvernent la matière, il ne faut pas oublier que la délégation contient une double novation et que par suite de cette double novation, deux dettes se trouvent éteintes du même coup : la dette de Primus envers Secundus, celle de Secundus envers Tertius. Par suite les actions de Secundus contre Primus, de Tertius contre Secundus se trouvent éteintes. Donc, si l'on reconnaît dans la loi de 1889 une véritable délégation, Secundus (l'assuré) ne pourra plus agir contre Primus (l'assureur).

Or, il est établi par la doctrine et par la jurisprudence (1) :
« que si aux termes de l'article 2 de la loi du 19 février 1889,
« les indemnités dues par suite d'assurances contre l'in-
« cendie , sont attribuées sans qu'il y ait besoin de délé-
« gation expresse aux créanciers privilégiés ou hypothé-
« caires suivant leur rang, il ne s'ensuit pas que l'assuré
« soit privé de l'exercice de l'action relative au payement
« de l'indemnité, que c'est à lui qu'il appartient d'agir
« pour obtenir la condamnation de l'assureur, comme
« c'est contre lui que ce dernier devrait former sa
« demande en nullité ou de déchéance. »

Donc, il n'y a pas, à proprement parler, dans la loi
de 1889, une véritable délégation, car s'il y avait délégation,
l'assuré ne pourrait plus agir contre son assureur,
« tandis que, comme le dit très bien M. Pannier (2),
l'exercice de l'action relative au payement de l'indemnité
appartient, activement et passivement, à l'assuré et à lui
seul ».

Quant à l'objection tirée des termes de la loi, des expressions « sans qu'il soit besoin de délégation expresse », il
est facile, je crois, d'y répondre. Le législateur a-t-il
voulu formellement déclarer qu'il y aurait délégation

---

(1) Trib. civ. de la Seine, 17 fév. 1893. – *Rec. per. des assur.*,
1893, p. 258.

« Attendu que pour repousser cette demande, la Nation prétend
que Richard est sans qualité pour agir en son nom personnel... »

« Attendu que si, aux termes de l'art. 2, etc...

(2) Pannier, *Attribut. des indemnités d'assur.*, p. 24.

tacite, légale au profit des créanciers à sûretés réelles. On le prétend ; mais il me semble plus logique de dire que ces expressions signifient tout simplement que désormais la clause courante de cession-délégation sera inutile ; il n'y aura plus besoin de stipuler expressément la délégation, voilà tout ce que cela veut dire. Le législateur n'a pas eu du tout l'intention de préciser d'une façon ou d'une autre par quelle opération juridique l'indemnité serait attribuée aux créanciers ; ce n'est point d'ailleurs dans ses habitudes. Il a déclaré que l'attribution existerait désormais ; peu lui importe par quel moyen.

III. — *Système de la subrogation.* (1)

Reste alors un troisième système. Tout le débat roule sur le point de savoir quel est le sens exact du mot « attribuée ». En nous plaçant au point de vue du bon sens et de la raison, cette expression veut dire que l'indemnité d'assurances remplacera la maison incendiée, sera par conséquent substituée à cette maison, de telle sorte que les créanciers auront sur cette indemnité le droit qu'ils avaient sur la maison. Et cette opinion conforme au bon sens et à la raison, me semble aussi conforme aux principes juridiques et aux travaux préparatoires de la loi de 1889.

Il y a substitution de l'indemnité à la maison, or d'après

____

(1) Baudry-Lacantinerie, t. III. n° 1062 *ter*, p. 653.

les principes généraux en matière de subrogation (1), il y a dans notre hypothèse une subrogation réelle, la subrogation réelle étant la substitution d'une chose à une autre.

La maison étant détruite, en vertu de la règle *accessorium sequitur principale*, les privilèges et hypothèques qui la grevaient étaient également éteints, mais dans un but d'équité, la loi décide que l'indemnité due par la Compagnie d'assurances sera considérée comme l'équivalent de la maison incendiée et que désormais le droit des créanciers portera sur cette indemnité ; de même que, au cas de vente, le droit des créanciers se trouve reporté sur le prix ; de même qu'au cas de purge, après l'acceptation des offres par les créanciers, les droits de ces créanciers sur l'immeuble se trouvent éteints ; mais le prix offert se trouve substitué à la chose grevée et, par l'effet de la loi, les droits des créanciers sont transportés sur le prix offert par l'individu qui veut purger.

Ce système est donc très simple en même temps que juridique. L'article 2 et l'article 3, § 1 décident que l'indemnité due par l'assureur ou par le responsable (locataire ou voisin), sera subrogée réellement à la maison incendiée. L'effet de la subrogation réelle est de permettre que la chose nouvelle puisse prendre la place et revêtir les caractères juridiques de la chose à laquelle elle se trouve substituée. Les créanciers, tant que la maison existait, avaient le droit de la faire vendre et de se faire payer sur

______

(1) Introduction, V. *suprà.*

l'équivalent de cette maison, c'est-à-dire sur le prix. La maison étant détruite, ils auront le droit de faire payer sur ce qui est aussi regardé par la loi comme l'équivalent de la maison, sur l'indemnité d'assurances.

Et en cela la loi nouvelle n'a rien innové. Nous trouvons dans notre histoire législative plusieurs dispositions antérieures exactement semblables (1).

Je crois que c'est principalement cette idée de *substitution* qui découle de la loi du 19 février 1889, et d'ailleurs elle a certes été envisagée par le législateur, car elle ressort des travaux préparatoires.

M. Labiche l'a dit formellement au Sénat (2).

« L'objet de l'article 2 peut s'exposer en deux mots : il
« assimile de plein droit l'indemnité payée par les Com-
« pagnies d'assurances, au prix des objets assurés sur
« lesquels existent soit des privilèges, soit des hypothè-
« ques. L'adoption de l'article aura donc pour effet de
« faire porter sur les indemnités dues pour assurances,
« les privilèges ou hypothèques qui, en cas de vente,
« auraient pu s'exercer sur le prix. »

M. Maunoury, rapporteur, l'a dit aussi à la Chambre (3) :
« Ces indemnités seront considérées comme la représentation de l'objet sinistré au même titre que le prix de la vente de cet objet. »

---

(1) Lois du 27 avril 1825, 3 mai 1841, 28 mai 1858, 10 décembre 1874 (Vide *suprà*, p. 56 et 57).

(2) *Jour. Officiel*, 3 février 1888.

(3) *Jour. Officiel*, 5 février 1889.

Mais il n'y a pas seulement dans la loi de 1889 une subrogation réelle ; il y a aussi une subrogation personnelle qui n'est d'ailleurs qu'une conséquence de la première ; subrogation au sens large bien entendu ; la subrogation *stricto sensu* suppose en effet un payement ; or dans la loi nouvelle, cette condition ne peut pas exister, puisque c'est précisément en vue d'arriver à un payement, au payement de l'indemnité, que se trouve faite la subrogation.

Au contraire, il y a certainement dans la loi, subrogation personnelle *lato sensu*, car en même temps que l'indemnité d'assurances se trouve substituée à la maison incendiée, les créanciers privilégiés ou hypothécaires se trouvent substitués eux aussi à l'assuré, dans les droits que celui-ci pouvait exercer contre son assureur. L'indemnité se trouve en effet, par le seul fait de l'incendie, frappée d'une sorte d'indisponibilité ; sauf certains cas que nous examinerons plus loin, la Compagnie d'assurances ne peut plus verser le montant de l'indemnité entre les mains de l'assuré, mais seulement entre les mains des créanciers hypothécaires. Donc ces créanciers se trouvent bien substitués au propriétaire ; donc, en même temps qu'une subrogation réelle, il y a bien aussi dans les articles 2 et 3 § 1, une subrogation personnelle. Or, ces deux subrogations découlent de la loi du 19 février 1889 ; elles ont lieu de plein droit, donc elles sont légales ; donc elles rentrent bien au premier chef dans la première partie de cette étude, dans la subrogation légale en matière d'assurances contre l'incendie.

C. — INDEMNITÉS PRÉVUES PAR LA LOI DE 1889

Pour plus de clarté et pour plus de simplicité, je divi serai ce paragraphe en deux parties et étudierai les indemnités qui rentrent d'abord dans l'article 2 et ensuite dans l'article 3, § 1.

I. — *Article* 2.

1° Il y a d'abord certaines catégories d'indemnités qui ne rentrent pas dans le domaine de notre article.

a) Parce qu'elles ne constituent pas des indemnités d'assurances.

La loi dit en effet : « Les indemnités dues par suite d'assurances... », elle exclut donc les indemnités qui peuvent être dues autrement que par assurances. Nous avons vu plus haut, dans notre introduction, ce qu'il fallait entendre par cette expression ; qu'il me suffise de le rappeler par la définition qu'en donne la loi belge de 1874 : « L'assurance, c'est un contrat par lequel l'assureur s'oblige, moyennant une prime, à indemniser l'assuré des pertes ou dommages qu'éprouverait celui-ci par suite de certains événements fortuits ou de force majeure (1). »

____

(1) Loi du 11 juin 1874, al. 1.

Ne rentrent donc pas dans l'article 2 les indemnités de responsabilité (art. 1382 C. civ., 1733 C. civ., 2270 C. civ., etc...) ; dans ces hypothèses en effet, l'indemnité se trouve due, non pas par suite d'un cas fortuit, mais par suite de la faute, de la responsabilité de l'auteur du sinistre. Nous reviendrons d'ailleurs tout à l'heure sur cette très intéressante question, en étudiant l'article 3, qui précisément apporte une exception à cette règle générale.

M. Escorbiac (1) cite un autre exemple où l'on pourrait être tenté, à tort, d'appliquer l'article 2. « Dans certaines « régions, dit-il, il arrive que les propriétaires riverains « sont exposés à des inondations fréquentes et pério- « diques. Voulant se prémunir contre un pareil risque, « l'un d'eux traite avec un entrepreneur qui s'engage à « faire des terrassements, à élever une digue pour arrêter « l'inondation. L'engagement n'est pas exécuté dans le « délai convenu. Une inondation survient qui emporte « les récoltes. L'entrepreneur est condamné à indemniser « le riverain. En fait, l'indemnité représente la récolte « détruite ; en droit, elle ne sera pas traitée comme telle, « par la raison qu'elle n'est pas due par un assureur. Les « créanciers ayant privilège sur cette récolte concourront « au marc le franc comme de simples créanciers chiro- « graphaires sur les sommes payées par l'entrepreneur. »

On peut s'étonner que le législateur, après avoir opposé

____

(1) *Commentaires sur la loi de 1889*, p. 395.

aux principes anciens un principe nouveau dont l'équité
est incontestable, en ait immédiatement restreint l'application. Pourquoi en effet l'indemnité, lorsqu'en fait elle est
représentative de la chose détruite, n'est-elle pas toujours
substituée à cette chose, et attribuée de plein droit aux
créanciers privilégiés ou hypothécaires? Pourquoi limiter
cette substitution et cette attribution par privilège au cas
spécial où l'indemnité est due pour assurance? Il n'y a
peut-être pas de raison bien sérieuse : mais le fait n'en
est pas moins certain, l'article 2 ne s'applique qu'aux
indemnités dues par un assureur.

b) Bien plus, bien qu'il soit conçu dans les termes les
plus généraux, il faut encore écarter du domaine de l'article 2, un certain nombre de catégories d'indemnités,
qui pourtant sont dues par suite d'assurances; je veux
parler des assurances maritimes, des assurances sur la
vie, contre les accidents et contre tous autres risques
affectant directement les personnes.

Les *assurances maritimes*, d'abord, parce qu'elles constituent une matière toute spéciale et que ce serait violer
les principes les plus élémentaires de législation que de
leur appliquer les dispositions du droit commun : *Legi
speciali per principalem non derogatur*.

Je sais bien qu'on a trouvé dans le rapport de M.
Labiche, au Sénat, une phrase qui pourrait faire croire le
contraire : « La nouvelle loi, disait-il, recevra son application, non seulement lorsque l'assurance sera faite par
une Compagnie, mais encore par un particulier isolé. »

Et il ajoutait : « Cela a lieu notamment pour les assurances maritimes. »

Mais peut-être cette phrase a-t-elle dépassé la pensée de l'orateur.

Du reste, personne ne songe aujourd'hui à étendre le bénéfice de la loi de 1889 aux assurances maritimes ; en effet, l'attribution légale des indemnités avait été établie en ce qui concerne les assurances maritimes par la loi du 10 décembre 1874. Mais l'innovation produisit des résultats déplorables. Aussi la loi de 1874 fut-elle abrogée et la loi du 11 juillet 1885 qui l'a remplacée, s'est bien gardée de reproduire cette disposition.

Appliquer la loi de 1889 aux assurances maritimes, ce serait donc, comme le constate M. Escorbiac (1), « accorder « à quelques paroles peut-être malencontreuses, échappées « au cours d'une discussion, une importance qu'elles ne « méritent pas et remettre en vigueur une réforme con- « damnée par l'expérience et que la loi de 1885 a implici- « tement abrogée. »

L'article 2 s'applique-t-il aux *assurances sur la vie,* contre les *accidents* ou autres risques concernant les personnes ? Certainement non, car dans ces sortes d'assurances, il n'y a pas, comme dans les assurances ordinaires, une chose intermédiaire sur laquelle porte l'assurance et sur laquelle certaines personnes peuvent avoir des droits ; il n'y a en

(1) *Commentaires de la loi de 1889,* p. 397. — *Lois nouvelles,* 1889, n° 10.

effet que deux parties en cause, l'assureur qui promet une indemnité et l'assuré qui paye les primes ou qui verse un capital. La loi de 1889 suppose en outre l'existence d'une chose assurée et affectée à la sûreté réelle d'une créance.

D'ailleurs, la question a été soulevée au cours de la discussion du Sénat. M. Lenoël, dans la séance du 2 février 1889, avait en effet déposé un amendement aux termes duquel l'ouvrier victime d'un accident ou ses ayants droit seraient légalement subrogés dans le bénéfice exclusif de l'indemnité due au patron par l'assureur. Nous savons que cet amendement fut repoussé.

2° Après avoir ainsi procédé par voie d'élimination, il nous reste maintenant à préciser quelles sont les indemnités prévues par l'article 2. Ce sont celles qui se trouvent dues par suite *d'assurances terrestres,* assurances portant sur une chose qui peut être grevée de privilèges ou d'hypothèques.

Ces sortes d'assurances sont excessivement nombreuses, et il serait superflu d'en faire une énumération car elle serait nécessairement incomplète.

Qu'il me suffise de citer, parce que nous en trouverons de nombreuses applications dans le courant de cette thèse, l'assurance que contracte un propriétaire contre les risques divers qui peuvent amener la destruction de sa maison, — incendie, voisinage, etc., — ou encore contre la grêle qui peut endommager les récoltes, contre la maladie qui peut faire mourir les bestiaux, etc., etc.

Voici encore un autre exemple sur lequel j'insisterai davantage parce que nous en reparlerons plus longuement dans la suite : c'est *l'assurance du mobilier.* Tout locataire a généralement l'habitude d'assurer contre l'incendie le mobilier qu'il apporte dans la maison louée. Si un incendie vient à détruire ce mobilier, il lui est dû de ce chef une indemnité. Or, cette indemnité est bien due par suite d'assurances terrestres, l'article 2 de la loi du 19 février 1889 lui est applicable et par l'effet de cette loi l'indemnité qui représente la valeur du mobilier brûlé est attribuée aux créanciers privilégiés ou hypothécaires. Or, dans notre hypothèse, il ne peut être question d'hypothèques ni de privilèges immobiliers, puisque les objets assurés sont des meubles. L'indemnité sera donc attribuée aux créanciers nantis d'un privilège mobilier et particulièrement au propriétaire de la maison louée qui a un privilège sur les meubles garnissant sa maison pour le payement de ses loyers (art. 2102, 1° C. civ.).

Donc cette attribution a évidemment son fondement dans l'article 2 de la loi nouvelle puisqu'elle rentre dans les conditions exigées par cet article (1).

Remarquons en outre que le texte de l'article 2 n'est *pas limitatif.*

D'abord quelle que soit la personne de l'assureur, que ce soit une compagnie, que ce soit un particulier isolé, la loi

____

(1) Besançon, 5 avril 1898, *Rec. pér. des ass.*, 1898, p. 470 ; — Bordeaux. 30 janv. 1899, *Rec. pér. des ass.*, 1899, p. 190.

nouvelle sera toujours applicable. Cela ressort de façon certaine des travaux préparatoires. « La nouvelle loi recevra son application non seulement lorsque l'assurance sera faite par une compagnie, mais encore par un particulier isolé, » dit M. Labiche. Cela ressort aussi de la rédaction de l'article 2 qui avait d'abord été conçu en ces termes. « ...Indemnités dues par les Compagnies d'assurances » qui furent remplacés par « indemnités dues par suite d'assurances ».

L'article 2 n'est pas non plus limitatif quant à la nature du risque puisqu'à l'énumération « contre l'incendie, la grêle, la mortalité des bestiaux », il ajoute « et contre tous autres risques ». Ces autres risques peuvent être de natures très diverses ; on peut s'assurer par exemple contre l'inondation, contre la foudre, etc. Une autre assurance, l'assurance contre le *vol*, a pris aujourd'hui une assez grande extension.

Ainsi les bijoutiers ont l'habitude d'assurer les marchandises qu'ils expédient à leurs clients. Si pendant le transport, les bijoux expédiés viennent à être volés, la compagnie d'assurance doit compte à son assuré de la valeur des objets volés. Or la loi de 1889 considère l'indemnité d'assurances comme étant l'équivalent de la chose assurée. Si, par conséquent, quelqu'un se trouvait avoir un privilège sur les bijoux volés (un vendeur par exemple), il conserverait son droit de préférence sur l'indemnité d'assurances et ne se verrait pas contraint de subir le concours des autres créanciers de la victime du vol.

Enfin remarquons que l'attribution légale de l'indemnité, est indépendante de l'importance du sinistre ; par conséquent, même si le préjudice causé est très minime, les créanciers seront admis à invoquer le bénéfice de l'article 2 et à réclamer le montant de l'indemnité. Nous avons vu qu'en général les législations étrangères, tout en adoptant le même principe que la nôtre, n'en poussent pas si loin les conséquences et n'attribuent légalement l'indemnité que si cette indemnité n'est pas appliquée par l'assureur à la réparation de l'objet sinistré (1).

Mais remarquons aussi, que les créanciers privilégiés ou hypothécaires peuvent renoncer au bénéfice de l'attribution, et souvent ils y ont intérêt. Si l'on suppose, par exemple, un sinistre d'une importance très minime, l'indemnité, plutôt que d'être distribuée entre les différents créanciers, sera généralement plus utilement employée à réparer les dégâts causés par l'incendie et à rendre à l'immeuble sinistré son ancienne valeur. Cette renonciation intervient d'ailleurs très souvent, ordinairement sous forme de main-levée, main-levée délivrée par chacun des créanciers privilégiés et hypothécaires, et permettant à la victime du sinistre de toucher l'indemnité d'assurances rendue indisponible par la loi de 1889.

Cette convention est certainement valable, par cette

____

(1) Vide *suprà*, p. 58.

raison que chaque intéressé peut disposer de son privilège ou de son hypothèque. Mais si l'on peut valablement renoncer au bénéfice de la loi nouvelle, on ne peut pas cependant déroger d'une manière quelconque aux effets de l'attribution, on ne peut pas stipuler, par exemple, que l'assurance sera régie, dans toutes ses conséquences, par la législation antérieure à la loi actuelle (1).

Cette stipulation serait en effet illicite et entraînerait la nullité de l'assurance (art. 1172, C. civ.), car la loi de 1889 est d'ordre public ; le législateur établit dans l'article 2 un ordre d'attribution qu'il juge évidemment être en concordance parfaite avec la série des intérêts liés à la conservation de la chose ; il ne permet donc pas que cet ordre puisse être interverti.

II. — *Article 3, § 1.*

L'article 2 ne s'applique qu'aux indemnités d'assurances ; nous avons maintenant à envisager une autre classe d'indemnités : les indemnités de responsabilité prévues par le paragraphe premier de l'article 3, ainsi conçu : « Il en est de même des indemnités dues en cas de sinistre par le locataire ou par le voisin par application des articles 1733 et 1382 du Code civil. »

____

(1) Pannier, *Attribut. des indemnités d'assur.*, p. 7.

1° *Cas prévus par l'article.* — L'article 3, § 1 prévoit deux hypothèses. Il ne suppose plus, comme dans l'article précédent, que le sinistre est dû à un cas fortuit ou de force majeure ; il suppose, au contraire, que quelqu'un est présumé ou déclaré auteur de l'incendie et il cite deux exemples, le locataire, par application de l'article 1733 du Code civil, le voisin par application de l'article 1382 du même Code.

Donc, si ce locataire ou ce voisin sont responsables, ils sont redevables d'une indemnité envers le sinistré, et la loi de 1889 attribue directement cette indemnité aux créanciers privilégiés ou hypothécaires de ce sinistré.

Mais alors une question se pose. Quand et dans quelles conditions le locataire ou le voisin doivent-ils être déclarés responsables ? L'étude de cette question demanderait à elle seule de très longs et très intéressants développements, mais elle est en dehors de mon sujet.

Qu'il me suffise donc de dire, que, d'après le texte de l'article 1733 (1), le locataire répond de l'incendie, à moins qu'il ne prouve que cet incendie est arrivé par cas fortuit, force majeure, vice de construction, ou que le feu a été communiqué par la maison voisine ; qu'en effet, il existe contre lui une présomption de faute et que, pour dégager sa

---

(1) Art. 1733. *C. civ.* : « Le locataire répond de l'incendie, à moins qu'il ne prouve que l'incendie est arrivé par cas fortuit ou force majeure, ou par vice de construction, ou que le feu a été communiqué par une maison voisine ».

responsabilité, il doit démontrer que le sinistre a sa cause dans l'une ou l'autre des circonstances ci-dessus énumérées.

Quant au voisin, en vertu de l'article 1382 (1), il peut être aussi responsable de l'incendie qui, après avoir pris naissance dans sa maison, s'est communiqué aux maisons adjacentes. Mais, contrairement à l'hypothèse de l'article 1733, le voisin n'est pas présumé en faute; le droit commun reprend son empire. C'est donc au voisin demandeur, qui se prétend victime du sinistre, à faire la preuve de la faute du voisin défendeur et à démontrer que cette faute a été la cause de l'incendie.

Notons aussi qu'il ne s'agit dans l'article 3 que « des indemnités dues en cas de sinistre ». Or, on ne peut entendre par là que les indemnités susceptibles d'être l'objet d'un contrat d'assurance. Celles qui seraient dues, par exemple, par le locataire, pour défaut de réparations locatives ou par le voisin, pour des dommages causés à l'immeuble, par suite de travaux exécutés sur sa propriété, ne rentreraient pas dans le cas prévu par la loi (2).

2° *L'article 3, § 1 est-il ou non limitatif.* — Nous avons maintenant à étudier une question très intéres-

---

(1) Art. 1382, *Code civ.* : « Tout fait quelconque de l'homme qui cause à autrui un dommage, oblige celui par la faute duquel il est arrivé, à le réparer ».

(2) Dalloz, *Suppl. Rép., Privil. et hyp.*, p. 167, n° 931.

sante en même temps que très controversée. L'article 3 est-il ou non limitatif? Doit-on ou non étendre sa disposition à d'autres hypothèses?

Je crois que l'article 3 est limitatif et cela pour plusieurs raisons.

D'abord à cause des principes juridiques qui gouvernent l'interprétation des lois. La loi de 1889 dit : « le locataire et le voisin, etc. »; elle précise des hypothèses et ne les complète même pas par une expression permettant comme dans l'article 2 de généraliser (... et autres risques); conformément aux principes, cette énumération est donc limitative.

De plus je disais plus haut que la loi de 1889 n'avait envisagé dans l'article 2 qu'une catégorie d'indemnités, celles dues « par suite d'assurances ». Or, dans l'article 3 § 1, cette même loi envisage bien, il est vrai, une autre catégorie d'indemnités, les indemnités de responsabilité, mais les deux hypothèses qu'elle prévoit ont ceci de particulier, que les deux indemnités de responsabilité prévues par notre article sont les seules qui puissent faire l'objet d'un contrat d'assurance. Pour m'exprimer plus clairement, le risque locatif et le risque de voisinage sont les seuls risques de responsabilité qui peuvent être assurés; c'est donc, il me semble, par une sorte d'association d'idées, par une sorte d'analogie avec l'hypothèse prévue par l'article précédent, que le législateur a décidé que les indemnités dues par un locataire ou un voisin responsables seraient attribuées aux créanciers privilégiés et hypothécaires.

Enfin, il est, je crois, une autre raison qui confirme ab
solument cette opinion. L'article 2 pose une règle générale,
il reconnaît le bénéfice de l'attribution pour les indemnités
d'assurances; il exclut donc toutes les indemnités dues
autrement que par assurances. L'article 3, au contraire,
pose une exception à ce principe en reconnaissant ce même
bénéfice de l'attribution à deux indemnités de responsabilité qui, sans lui, seraient exclues par l'article 2. Or, il est
une règle de droit qui dit : *Exceptio est strictissimæ in-
terpretationis.*

Pour toutes ces raisons, il me semble donc que la disposition de l'article 3, § 1 ne s'applique qu'au locataire et au
voisin, que cet article est restrictif.

Par conséquent, il ne faut pas l'étendre à d'autres hypothèses, par exemple, à l'indemnité due par tout détenteur d'une chose, par un auteur responsable de sa destruction, que sa responsabilité soit fondée sur un contrat (1),
ou qu'elle ait sa source dans un délit ou un quasi-délit.
Par exemple, un individu met volontairement ou involontairement le feu à une maison. Il doit au propriétaire de
cette maison une indemnité pour le préjudice causé. Eh
bien ! cette indemnité ne sera pas attribuée de plein droit
aux créanciers privilégiés ou hypothécaires et ceux-ci

____

(1) Le contrat de dépôt par exemple. L'indemnité due par un dépo-
sitaire responsable de la perte de la chose déposée n'est pas attribuee
aux créanciers privilégiés ou hypothécaires du déposant.

subiront, dans le règlement de cette indemnité, le concours des créanciers chirographaires.

Ou encore : l'article 2270 décide que l'architecte et l'entrepreneur sont responsables pendant les dix années qui suivent la réception des travaux, de la perte totale ou partielle du bâtiment qu'ils ont construit, lorsque cette perte est causée par un vice de construction ou même par un vice du sol. L'indemnité qu'ils sont condamnés à payer représente bien la valeur de l'immeuble; mais parce que l'article 3 est restrictif et parce que l'architecte et l'entrepreneur ne sont pas des assureurs, les créanciers privilégiés ou hypothécaires ne pourront invoquer aucun droit de préférence sur la somme payée à titre de dommages-intérêts.

Ce caractère limitatif de l'article 3 est certainement très regrettable, mais il n'en est pas moins certain. Nous avons vu que certaines législations étrangères s'étaient montrées mieux inspirées que la nôtre (1) et avaient appliqué de façon générale le bénéfice de l'attribution. L'équité n'exigerait-elle pas en effet que toutes les autres indemnités de responsabilité qui représentent la chose sinistrée, tout aussi bien que celles qui sont à la charge du voisin ou du locataire, soient pareillement soumises à l'attribution légale ?

La jurisprudence a d'ailleurs maintes fois reconnu ce caractère limitatif. Qu'il me suffise de citer deux des plus récentes décisions, un jugement du Tribunal de la Seine

____

(1) V. *suprà*, p. 57 et suivantes.

du 5 avril 1898 et un arrêt de la Cour de Bordeaux du 2 juin 1898 (1).

D. — CRÉANCIERS AU PROFIT DESQUELS A LIEU L'ATTRIBUTION

La loi de 1889 profite à tous les créanciers privilégiés ou hypothécaires sans exception : « aux créanciers privilégiés ou hypothécaires suivant leur rang ».

I. — *Privilèges.*

En conséquence, seront d'abord colloqués par préférence sur l'indemnité d'assurance, les créanciers privilégiés ; et si plusieurs privilèges se trouvent en conflit, on suivra pour la répartition de l'indemnité, l'ordre et le classement de ces privilèges tels qu'ils se trouvent établis par la loi et par la doctrine.

Tous les privilèges devront être admis :

1° Les privilèges établis par le Code civil, généraux ou spéciaux, mobiliers ou immobiliers (2) ;

____

(1) Seine, 5 avril 1898, *Rec. per. ass.*, 1898, p. 383 ; — Bordeaux, 2 juin 1898. — *Rec. per. ass.*, 1898, p. 307 ; — Cont., *Pandectes françaises*, V. *Assurances.* nos 1541, p. 131 et suiv.

(2) Articles 2101, 2102, 2103, 2104, 2105.

2º Les privilèges établis par le Code de commerce (1) ;

3º Les privilèges établis par des lois spéciales (2) ;

4º Les privilèges immobiliers qui, faute d'inscription en temps utile, ont dégénéré en hypothèques (3).

Les privilèges de l'article 2101 qui grèvent la généralité des biens du débiteur, ne portent sur le prix des immeubles qu'à titre subsidiaire, et en cas d'insuffisance du mobilier. Si donc la chose sinistrée est une maison, et que des meubles garnissent cette maison, le créancier sera payé d'abord sur l'indemnité spéciale afférente aux meubles; il ne sera colloqué sur l'indemnité afférente à la maison, que si la première collocation ne l'a pas entièrement désintéressé. Si toutefois l'indemnité due pour la maison est distribuée en premier lieu, le créancier, s'il le demande, devra être admis à produire à l'ordre, mais à titre éventuel, la collocation ainsi obtenue devant être réduite aux sommes dont il ne sera pas payé sur l'indemnité afférente au mobilier (4).

Une autre question est controversée. Un créancier qui invoque le bénéfice de la *séparation des patrimoines*, pourra-t-il se faire valablement attribuer l'indemnité d'assurance? La loi dit « les créanciers privilégiés ou hypo-

---

(1) Articles 191, 271, 280, 307, 308, 320 à 323, loi du 23 avril 1863.

(2) V. sur ce point Aubry et Rau, t. III, p. 177.

(3) Les privilèges qui donneront lieu le plus souvent à l'attribution légale sont le privilège du bailleur et le privilège du vendeur. Nous en avons d'ailleurs rencontré plus haut des applications.

(4) Aubry et Rau, t. III, p. 177.

thécaires ». La séparation des patrimoines est-elle un véritable privilège? toute la question est là. La jurisprudence répond généralement par l'affirmative, la doctrine est tout entière pour la négative. Il me semble que cette dernière opinion est préférable parce qu'elle est plus conforme aux principes juridiques et à la tradition.

La séparation des patrimoines n'étant donc pas un véritable privilège, le créancier qui l'a obtenue ne pourra pas invoquer le bénéfice de la loi de 1889, bénéfice qui est réservé aux seuls créanciers privilégiés (1).

II. — *Hypothèques.*

Après les privilèges viennent les hypothèques, et l'on devra ranger sous ce titre les privilèges dégénérés en hypothèques, les hypothèques conventionnelles, les hypothèques légales et les hypothèques judiciaires.

Tous les créanciers hypothécaires quels qu'ils soient pourront donc se faire attribuer, suivant leur rang, l'indemnité d'assurance.

Mais cette expression : créanciers hypothécaires doit cependant, conformément aux principes juridiques, être interprétée restrictivement et ne doit pas être étendue à

(1) Voyez sur cette importante question : Baudry-Lacantinerie, t. III, p. 724, n° 1182 ; Tribunal d'Aix, 18 mars 1873, D. 74-2-25 ; *Contra*, Cass., 27 juillet 1870 (D. 1872-1-153) ; Pannier, *Attrib. des ind. d'ass.*, p. 11 ; Escorbiac, *Commentaire sur la loi de 1889*, p. 400.

d'autres sûretés réelles, que l'on pourrait être tenté de confondre plus ou moins avec les hypothèques, notamment *l'antichrèse*, le *droit de rétention* et *l'usufruit*.

L'usufruit n'a qu'un seul point commun avec l'hypothèque, c'est un droit réel ; mais ce droit réel est soumis à des règles toutes particulières établies par le titre III du Code civil et qui n'ont par suite aucun rapport avec les privilèges ou hypothèques.

Quant au *droit de rétention* et à *l'antichrèse*, qui n'est d'ailleurs qu'une application du droit de rétention, même en admettant, ce qui est contesté aujourd'hui (1), que ces droits soient des droits réels, en tout cas, ils n'engendrent pas, à proprement parler, de droit de préférence ; le bien grevé d'un droit de rétention ou d'antichrèse est, pour ainsi dire, rendu indisponible, mais s'il vient à sortir des mains du créancier rétentionniste ou antichrèsiste, ces créanciers n'ont plus sur lui aucun droit de préférence ; de plus l'antichrèse et le droit de rétention ne confèrent pas de droit de suite. Or, la loi de 1889 a voulu sauvegarder les droits des créanciers privilégiés ou hypothécaires ; s'il avait voulu sauvegarder aussi les droits des autres créanciers munis de droits réels, le législateur n'aurait pas manqué de mentionner ces créanciers dans son énumération (2).

---

(1) Cours de M. Planiol, année 1897-1898.

(2) En ce sens, Baudry-Lacantinerie, t. III, n° 1062 *bis* ;— *Contra*, Escorbiac, *Op. cit.*, p. 480, Pannier, *Op. cit.*, p. 10.

Mais une hypothèse plus délicate peut se présenter. Il se peut que l'assuré ait consenti une hypothèque à l'un de ses créanciers, et que cette hypothèque ne soit pas encore inscrite au moment du sinistre. Le créancier pourra-t-il néanmoins se faire valablement colloquer sur l'indemnité d'assurances? Je ne vois pas pourquoi on lui refuserait ce droit; il est en effet créancier hypothécaire du sinistré; sans doute son hypothèque a été éteinte par suite de la destruction de la maison incendiée; mais précisément parce qu'il est créancier hypothécaire, son droit est réputé subsister et se trouve transporté sur l'indemnité d'assurance; ce n'est pas uniquement parce qu'il a omis de s'inscrire, que son droit se trouverait définitivement éteint (1).

Une autre hypothèse se rencontre fréquemment dans la pratique. L'indemnité peut être attribuée à des créanciers hypothécaires autres que ceux de l'assuré, car l'immeuble hypothéqué peut avoir changé de mains, par suite d'une vente, par exemple.

Si l'immeuble avait déjà été assuré par le premier propriétaire (Primus), le contrat d'assurance passé entre Primus et son assureur se trouve résolu par la vente que nous supposons faite; aucune indemnité ne se trouve plus due par l'assureur dès le jour du contrat (arg. art. 1138, C. civ.).

Nous supposons que l'acquéreur Secundus s'assure et qu'un incendie vienne à détruire l'immeuble après que

____

(1) Thèse de M. Feltin, Nancy, 1893.

cette assurance a été contractée. Les créanciers privilégiés et hypothécaires de Primus seront-ils attribués sur l'indemnité d'assurance due à Secundus par la Compagnie qui l'a assuré ?

On pourrait dire pour la négative que cette indemnité ayant été stipulée par Secundus, il n'existe entre celui-ci et les créanciers de Primus aucun lien pouvant servir de cause juridique à une attribution légale de l'indemnité ; Secundus n'est pas en effet le débiteur de ces tiers.

Je crois que l'opinion contraire est préférable. En effet, les créanciers de Primus n'ont-ils pas un droit de suite qui leur permet de suivre l'immeuble en quelque main qu'il passe? Or, l'indemnité d'assurances étant la représentation des l'immeuble détruit, ces créanciers doivent certainement y avoir droit.

Secundus ne pourrait d'ailleurs pas stipuler avec la Compagnie qui l'assure, que les créanciers hypothécaires de Primus ne pourraient avoir droit à cette indemnité. Cette stipulation serait en effet contraire à l'ordre public et aux principes du régime hypothécaire, puisqu'elle permettrait à Secundus et à ses ayants cause (ses propres créanciers hypothécaires, ou même chirographaires), de primer des tiers dont les droits sont antérieurs et préférables aux leurs (1).

Remarquons aussi dès maintenant la situation vraiment désavantageuse qui se trouve faite par la loi nouvelle aux

____

(1) Pannier, *Attribut des indemn. d'ass.*, p. 15.

créanciers hypothécaires qui auraient le plus besoin de protection : aux créanciers à hypothèques occultes. Non seulement le texte de la loi ne prévoit pas la question, mais les travaux préparatoires sont également muets. Par suite d'un oubli étrange, les commissions dans leurs rapports, les orateurs dans leurs discours, ne se préoccupent nullement de la situation. Les mots « hypothèque légale » n'ont même pas été prononcés.

Force nous est donc de constater, que ces créanciers seront soumis aux mêmes obligations que les créanciers hypothécaires ordinaires et que leur attribution à l'indemnité sera soumise aux mêmes conditions; nous verrons plus loin quels sont les désavantages de ce système et comment ces créanciers qui sont dispensés par la loi d'inscrire leur hypothèque, se voient forcés par la loi nouvelle, non seulement de prendre une inscription, mais encore de faire opposition à la compagnie d'assurances.

Enfin, l'article 2 ajoute que les créanciers seront colloqués suivant leur rang. On suivra donc pour la répartition de l'indemnité, l'ordre des inscriptions, en faisant passer d'abord les privilèges et les hypothèques légales dispensées d'inscription.

Autrefois, alors que l'attribution des indemnités d'assurances n'était pas légale, l'ordre à suivre n'était plus le même. En effet, le débiteur consentait à ses différents créanciers des cessions successives, et, entre les divers cessionnaires, ceux-là étaient réputés propriétaires de l'indemnité, qui les premiers avaient notifié ou fait accepter la cession (1).

E. — ÉTUDE DE L'ALINÉA 2 DE L'ARTICLE 2

S'il n'est plus besoin de délégation expresse, si l'attribution a lieu de plein droit au profit des créanciers privilégiés ou hypothécaires, il s'en faut bien pourtant que les créanciers ne soient soumis à aucune obligation. En effet, l'article 2, dans son alinéa 2, vient apporter une sorte de restriction au nouveau principe en édictant que « néanmoins les payements faits de bonne foi avant opposition sont valables ».

Tout d'abord il convient de noter, et ce point est unanimement admis, que cet alinéa applicable à l'article 2, est également applicable à l'article 3, § 1. Cela ressort d'une façon évidente des intentions du législateur, et aussi du texte même de la loi : « Il en est de même.... dit l'article 3. »

Que signifie donc cette très importante disposition ? Quelles difficultés soulève-t-elle ? Pour répondre à cette double question, il nous faut revenir un peu en arrière.

(1) Vide *infrà*, p. 195.

I. — *Préliminaires.*

Sous l'empire du Code, nous savons que l'assuré consentait généralement dans l'acte même d'obligation, une cession-transport au profit de son créancier hypothécaire, cession qui permettait à celui-ci de toucher le montant de l'indemnité; mais pour que cette cession fût valable, il fallait que le cessionnaire accomplît vis-à-vis du débiteur cédé (assureur), l'une ou l'autre des formalités exigées par l'article 1690 du Code civil. Si donc un sinistre se produisait, l'assureur n'était pas embarrassé pour le payement de son indemnité, car il connaissait son créancier. S'il n'avait reçu aucune notification de cession, s'il n'avait jamais accepté dans un acte authentique la cession que son assuré aurait pu consentir, il pouvait sans crainte payer entre les mains de celui-ci; si au contraire quelque cession avait été consentie et si le cessionnaire s'était conformé aux prescriptions de l'article 1690, l'assureur se gardait bien de payer entre les mains de l'assuré, car il se savait exposé à payer une seconde fois.

Il n'en est plus de même sous la loi nouvelle. La loi de 1889 a eu en effet, entre autres buts, celui de dispenser les créanciers de l'assuré, de l'accomplissement de ces formalités. Il s'ensuit donc que l'assureur, lorsque l'indemnité devient exigible, ne connaît pas encore ses créanciers. Que va-t-il faire? Va-t-il payer directement à l'assuré?

Va-t-il rechercher les créanciers privilégiés ou hypothécaires ? Va-t-il attendre que ceux-ci se fassent connaître ?

Logiquement, le législateur aurait dû décider que l'indemnité due soit par l'assureur (art. 2), soit par le responsable (art. 3, § 1) serait frappée d'indisponibilité, au moins pendant un délai déterminé, et que tout payement fait avant l'expiration de ce délai entre les mains du sinistré, devrait être considéré comme irrégulier. Le législateur a reculé devant cette conséquence. La solution qu'il a adoptée est-elle la meilleure ? Il est permis d'en douter, car elle est peu conforme aux principes; en effet l'assureur, de par l'alinéa 1 de l'article 2, n'est plus débiteur du sinistré, mais des créanciers de celui-ci, et pourtant d'après l'alinéa 2 il pourra, s'il est de bonne foi, se libérer valablement en désintéressant directement ce dernier.

De plus, autre difficulté, dans quels cas l'assureur devra-t-il être considéré comme de bonne ou mauvaise foi? Est-ce lorsqu'il aura réellement connu l'existence des créances privilégiées ou hypothécaires ou seulement lorsqu'il aura pu les connaître.

Que devra-t-on entendre par cette expression : opposition? Une simple inscription d'hypothèque constituera-t-elle une opposition suffisante? Où l'opposition devra-t-elle être faite?

Autant de questions qui ont donné lieu à de nombreuses difficultés et que nous allons examiner.

II. — *Qu'entend-on par opposition ?*

Un premier point est hors de doute. S'il n'existe pas d'opposition (nous allons voir ce qu'il faut entendre par cette expression) et si l'assureur est de bonne foi, celui-ci pourra payer, comme auparavant entre les mains du sinistré, sans s'occuper nullement des créanciers qui peuvent exister. C'est la disposition même de l'alinéa 2 de l'article 2.

Mais qu'entend-on au juste par *opposition* ?

C'est d'abord et certainement l'opposition ordinaire, la saisie arrêt prévue par l'article 557 du Code de Procédure civile, opposition faite par exploit d'huissier, contenant l'énonciation du titre et le montant de la créance (art. 559 C. Pr.). Tout créancier hypothécaire ou privilégié, qui antérieurement au payement de l'indemnité, se sera conformé à ces formalités, pourra donc attaquer tout payement fait à son préjudice par l'assureur.

Mais ne faut-il pas aller plus loin? Ne faut-il pas entendre également par opposition, certaines autres opérations ou formalités qui ne sont pas des oppositions proprement dites? Je crois que oui; autrement la loi de 1889 n'aurait pas atteint un de ses principaux buts. Le législateur voulait en effet supprimer les formalités gênantes et coûteuses de la notification que les créanciers avaient besoin de faire pour pouvoir être colloqués en ordre utile sur l'indemnité d'assurances (art. 1690 du Code civil). Or, les formalités de l'opposition sont aussi gênantes et aussi coûteuses que celles de la notification. La loi n'aurait donc pas rempli son but si elle exigeait encore aujourd'hui de semblables formalités.

Un premier point est aujourd'hui fixé par de nombreuses décisions de la jurisprudence. On doit regarder comme valable l'opposition faite par *lettre missive*, même non recommandée, par *télégramme*, ou même *verbalement*, comme si, par exemple, un des créanciers, après le sinistre (à condition toutefois que l'indemnité ne soit pas encore payée) va trouver l'assureur ou son représentant et lui fait connaître son titre de créance privilégiée ou hypothécaire. Cette dernière hypothèse se rencontre très fréquemment.

Et en effet, si l'assureur reçoit cette lettre, ce télégramme, cet avertissement verbal avant d'avoir effectué tout payement, il ne peut plus prétendre ignorer l'hypothèque ou le privilège du créancier, il n'est donc plus de bonne foi et par conséquent le payement qu'il fait dans la suite n'est plus valable. (Nous verrons en effet que la simple connaissance par l'assureur du droit du créancier, équivaut à une opposition au payement de l'indemnité).

Cette opinion est consacrée par de très nombreuses décisions de jurisprudence (1). Je prends au hasard, le juge-

____

(1) Dans les dernières années : Tribunal civ. de Montpellier, 12 mars 1892, *Rec. per. ass.*, 1892, p. 613 ; Trib. de Montbéliard,

ment du tribunal civil de Montbéliard disant : « qu'il suffit
« pour mettre obstacle au payement de l'indemnité, que
« la Compagnie qui la doit, soit avisée d'une *manière*
« *quelconque* que le propriétaire ou le tiers qui lui est
« subrogé n'est pas désintéressé, tout payement fait au
« mépris de l'avis reçu devant être considéré comme effec-
« tué de mauvaise foi, et, par suite, comme non-valable,
« ainsi que cela ressort du paragraphe final de l'article 2
« de la loi précitée..... », etc., etc.

Un second point est controversé. La seule *inscription*
du privilège ou de l'hypothèque doit-elle être aussi regardée comme suffisante et considérée comme une opposition
valable?

La loi de 1889 est muette sur ce point et ce silence est
bien regrettable. Aussi, pour essayer de combler cette
lacune, un député, M. Royer, déposa-t-il en 1892, sur le
bureau de la Chambre un projet de loi ayant pour but de
déclarer que la seule inscription vaudrait opposition (1).

Je ne veux point discuter ni analyser cet intéressant projet, et je me contente d'envisager uniquement le principe
qu'il consacre.

1er déc. 1893, *Rec. per. ass.*, 1894. p. 78; Cour de Besançon,
6 avril 1898, *Rec. per. ass.*, 1898, p. 465; Tribunal civil de Belley,
3 avril 1896, *Rec, per. ass.*, 1897, p. 220; Tribunal civil de Nevers,
3 avril 1895, *Rec. per. ass.*, 1895, p. 238; Cour de Paris, 2 juillet
1896, *Rec. per. ass.*, 1896, p. 471.

(1) Pour le texte de ce projet, Vide *Rec. per. ass.*, 1892. p. 77 et
533.

Un premier système, soutenu d'ailleurs par une récente décision de jurisprudence (1), semble assez juridique.

En effet, dit-on, l'inscription suffit pour rendre les droits des créanciers hypothécaires opposables aux tiers, elle vaut par conséquent opposition et suffit pour empêcher la Compagnie de verser l'indemnité entre les mains de l'assuré.

Et l'on ajoute : L'indemnité d'assurances est assimilée à un prix de vente ; l'assureur doit se trouver ici dans la même situation que l'acquéreur d'un immeuble. Or, l'acquéreur doit se faire délivrer un état des inscriptions. Pourquoi pas aussi l'assureur?

Mais je crois que ce système doit être repoussé (2).

(1) T. de Brives, 18 déc. 1889, *Rec. per*., 1892, p. 60 :
« Il en résulte que dans tous les cas, en l'absence même d'opposition, la responsabilité de l'assurance peut se trouver engagée, et qu'il est de son droit, de son devoir même, de ne payer qu'au vu d'un certificat délivré par le conservateur des hypothèques établissant qu'il n'y avait sur l'immeuble incendié ni privilèges, ni hypothèques inscrits ou par la présentation d'un bordereau de collocation à la suite d'un ordre ou d'une distribution qu'il appartient à l'assurance de faire ouvrir. »

(2) En ce dernier sens, Trib. de Vienne, 11 août 1891. *Rec. per. ass.*, 1892, p. 58 :
« Attendu que dans ces conditions, la compagnie ne peut rechercher, au moyen de l'examen de la situation hypothécaire, s'il existe d'autres créanciers, pour leur verser la somme revenant à Girard (l'assuré) ;

« Que, s'il en était ainsi, la loi aurait impérativement déclaré que la compagnie ne pouvait se libérer valablement que sur la production d'un certificat négatif d'inscriptions. »

D'abord il est un principe certain, qui découle de la loi nouvelle et qui est admis par tous : l'assureur ne doit pas avoir à rechercher les créanciers qui peuvent avoir un privilège ou une hypothèque sur l'immeuble assuré ; si donc on l'oblige à lever un état des inscriptions, on l'oblige par là même à rechercher ces créanciers.

Dans l'autre système, on ne peut répondre d'une façon satisfaisante à cet argument.

De plus, la loi dit bien que l'indemnité d'assurances doit être assimilée à un prix de vente, mais elle ne dit nullement que l'assureur sera assimilé à un acquéreur. Or c'est ce qu'on lui ferait dire si l'on obligeait l'assureur à lever un état des inscriptions. Il n'y a en effet entre eux aucune analogie possible. L'acquéreur d'un immeuble transcrit son contrat d'acquisition, et à partir de cette transcription, aucune hypothèque ne peut plus être inscrite. Les Compagnies d'assurances n'ont pas cette ressource ; que pourraient-elles transcrire ? Elles n'ont rien acheté et l'immeuble assuré n'a pas changé de propriétaire. De sorte que, tandis que l'acquéreur a le moyen, avant de se libérer de son prix, de connaître la situation hypothécaire exacte et invariable de l'immeuble, et peut se libérer avec certitude, l'assureur est exposé à ce qu'une inscription soit prise sur l'immeuble sinistré au moment même où il est en train de payer, et à ce que le créancier qui a pris cette inscription, vienne critiquer la régularité du payement ; si bien que les Compagnies d'assurances seraient obligées, pour ainsi dire, d'effectuer leur payement dans le bureau du conservateur des hypothèques !

En outre, je réponds au premier argument invoqué par l'autre système, savoir que l'inscription étant publique est opposable aux tiers et vaut inscription.

« Sans doute le registre hypothécaire est public en ce
« sens que tout le monde peut le consulter ; mais il n'est
« pas un mode légal de publication, il est permis d'en
« ignorer le contenu. L'inscription a été organisée en
« faveur du public, mais non contre lui. Elle permet,
« par exemple, à un acquéreur, de se renseigner sur
« l'existence d'un droit de suite qui le menace, ou à des
« créanciers, de prendre connaissance d'un droit de
« préférence dont ils auraient à subir les conséquences.
« Mais l'assureur n'a à redouter ni droit de suite, puisque
« ce droit s'éteint avec la chose, ni droit de préférence,
« puisqu'il n'est pas créancier. Il n'a donc pas à consulter
« le registre des inscriptions qui ne contient aucun ren-
« seignement dont il puisse avoir à profiter » (1).

Ajoutez à cela que, si l'assureur devait lever des états d'inscriptions, on l'obligerait à des frais qui ne doivent être nullement à sa charge et qui peuvent devenir consi- dérables par suite de l'importance de la Compagnie et du grand nombre de sinistres qu'elle assure.

Enfin, il me reste encore à faire connaître deux argu- ments qui suffiraient, je crois, à eux seuls, pour faire

____

(1) Pannier, *Attrib. des indemn. d'ass.*, p. 32.

repousser le premier système, savoir que l'inscription vaut opposition.

Il arrive très fréquemment que les créanciers privilégiés ou hypothécaires ont intérêt à ne pas faire opposition. Il est rare en effet, que l'immeuble périsse en entier. Ordinairement la maison, pour préciser l'hypothèse, ne sera qu'en partie brûlée ; le dommage causé pourra être par exemple, de 10.000, la maison valant 100.000. Dans ce cas, les créanciers, plutôt que de se faire attribuer ces 10.000 qui ne suffiraient pas à payer leurs créances, peuvent s'entendre entre eux pour ne pas faire opposition ; de cette façon le propriétaire pourra toucher directement le montant de l'indemnité ; il pourra alors réparer sa maison et la remettre dans son ancien état ; par conséquent aussi la valeur de leur gage se trouvant augmentée, les créanciers auront plus de chances d'être tous intégralement payés. Or ces créanciers auront bien probablement déjà inscrit leurs hypothèques, la prudence la plus élémentaire le leur aura conseillé. Si l'on admettait l'autre système, ces créanciers devraient donc être considérés comme ayant fait opposition, alors que leur intention était justement de s'abstenir de toute opposition, et de ne pas se faire connaître à l'assureur ! Et il faudrait alors, pour que l'assuré pût toucher son indemnité, qu'il se fît consentir une mainlevée par tous les créanciers déjà inscrits ! Que de complications !

De plus, le législateur a certainement voulu que l'inscription ne valût pas opposition, car sans cela l'alinéa 2 de l'article 2 (Néanmoins les payements faits de bonne foi...) n'aurait plus aucune utilité. En effet, quand est-ce qu'il peut être intéressant de savoir quand l'assureur est ou non de bonne foi ? Évidemment, c'est quand il existe un certain nombre de créanciers hypothécaires (je parle, bien entendu, des hypothèques ordinaires, des hypothèques conventionnelles). Et la première chose que s'empresse de faire un créancier hypothécaire, c'est inscrire son hypothèque pour ne pas être primé par des créanciers postérieurs. Or, si l'on oblige l'assureur à se faire délivrer un état des inscriptions grevant l'immeuble incendié, si l'on admet que l'inscription vaut opposition, cet assureur ne pourra jamais être déclaré de bonne foi, car il ne pourra jamais prétendre ignorer telle ou telle hypothèque, puisqu'il est obligé de se faire délivrer un état qui les constate toutes. Et alors, ce deuxième alinéa de l'article 2 serait donc inutile, tout au moins pour la majorité des créanciers à sûretés réelles, pour les créanciers à hypothèque conventionnelle.

Ce que le législateur a donc voulu dire dans ce même alinéa, c'est que l'assureur ne peut être astreint à aucune recherche des créanciers de l'assuré. Si par conséquent aucune notification, sous quelque forme qu'elle se présente d'ailleurs, ne lui est parvenue, il doit être déclaré de bonne foi et il peut payer, sans danger, l'indemnité entre les mains de l'assuré. Si, au contraire, quelque créancier lui manifeste son opposition au payement sous une forme ou sous une autre, que ce soit conformément au Code de procédure, que ce soit par télégramme, par simple lettre missive, que ce soit même verbalement, il doit s'abstenir de payer entre les mains de l'assuré, sinon il devrait être déclaré de mauvaise foi.

Cette opinion est d'ailleurs l'opinion courante (1). Quant au projet de loi Royer, il souleva des protestations unanimes dans la presse judiciaire (2).

III. — *A quelle époque? Où l'opposition doit-elle être faite?*

a) Le moyen le plus prudent et le plus sûr pour le créancier privilégié ou hypothécaire consiste à faire une

---

(1) V. Pannier (*Attrib. des indemn. d'ass.*), p. 29 et 30). — Oudiette (*Mon. des Ass.*, 15 mars et 15 avril 1889).

Id., Gauvin, Tarras et Tarbourieck, Ravetan ; Tribunal de Vienne, 11 août 1891, précité.

(2) « Le rapporteur de la Commission a avoué que malgré ses recherches, la Commission n'avait pu parvenir à protéger efficacement les créanciers de l'assuré, sans imposer à l'assureur des obligations qui seraient de nature à apporter une grave entrave au contrat d'assurance, on pourrait même dire à le dénaturer. Nous retenons cet aveu ! Toutes les conséquences d'un principe vrai sont vraies elles-même, de même que si les conséquences sont fausses, c'est que le principe est inexact... Si l'action de l'assurance est différée, si la jouissance du bénéfice qu'elle procure est retardée, son but est manqué et le bienfait n'est plus ressenti. Absorber l'assurance dans le crédit hypothécaire, c'est la détourner de son œuvre économique et en altérer le caractère.... » (*Gazette des Tribunaux*, numéro du 20 juillet 1892).

opposition éventuelle, c'est-à-dire préalablement à tout sinistre, par exemple au moment où il inscrit son hypothèque. De cette façon, l'indemnité ne pourra jamais être valablement payée entre les mains de l'assuré. Mais nous avons vu, que souvent l'intérêt de ces créanciers pouvait être contraire à cette opposition préalable, et en fait, ceux-ci attendent généralement pour se faire connaître que le sinistre se soit produit.

Jusqu'à quel moment l'opposition pourra-t-elle utilement intervenir ? Il est certain que tant que l'indemnité n'est pas payée, le créancier peut efficacement faire opposition. Et même si le payement a déjà été effectué, son intervention pourra encore être utile s'il parvient à prouver que l'assureur était de mauvaise foi ; c'est en ce sens que l'on dit que la mauvaise foi de l'assureur vaut opposition. Mais des collusions entre l'assureur et l'assuré peuvent se produire, la mauvaise foi de l'assureur peut être impossible à prouver ; aussi est-il bon de recommander aux créanciers qui ont intérêt à ce que l'indemnité soit versée entre leurs mains, de faire opposition le plus tôt possible, aussitôt qu'ils ont connaissance du sinistre.

b) L'opposition doit être faite au siège social de la Compagnie ou entre les mains de l'agent qui a contracté l'assurance (1).

Il a été jugé en effet, que les oppositions faites à un autre

_____

(1) Nancy, 17 déc 1872, *Journal des Ass.*, 1873, p. 248.

agent « sont nulles, et qu'il n'y a pas lieu de s'y arrêter » (1).

c) Je parlais tout à l'heure d'un projet de réforme proposé par un député, M. Royer (2), et repoussé par la Commission chargée de l'examiner. M. Royer demandait que
la seule inscription des privilèges et hypothèques valût
désormais comme opposition ; mais il demandait en outre
qu'un certain délai fût imparti à compter du jour du sinistre,
délai pendant lequel l'indemnité serait frappée d'indisponibilité.

Ces deux propositions soulevèrent beaucoup d'objections
et de récriminations ; mais j'avoue que je serais assez
tenté d'admettre la seconde, parce que l'adoption de cette
disposition améliorerait sensiblement la situation des
créanciers à *hypothèque légale* dont les intérêts ont certainement été négligés par la loi de 1889.

En toute autre matière, le législateur leur a créé un
régime exceptionnel ; ici, au contraire, ils doivent se sou-
mettre au droit commun, ils doivent inscrire leur hypothèque ; ils doivent se faire connaître dans un bref délai
au moyen de l'opposition, eux qui sont légalement dispensés
d'inscription, eux qui ignorent souvent l'existence même
de leurs droits et dont les représentants ont généralement
un intérêt contraire au leur.

(1) Trib. de la Seine, 4 mai 1880, *Rec. pér. ass.*, 1884, p. 431.
(2) V. *suprà*, p. 100.

C'est principalement dans l'hypothèse de la minorité, que ce système présente de graves inconvénients.

Supposons un tuteur propriétaire d'une maison assurée. L'hypothèque légale du mineur porte sur cette maison. Celle-ci vient à être complètement détruite par un incendie. Si, avant le payement de l'indemnité, le tuteur ou le subrogé-tuteur font opposition, au nom du mineur, aucune difficulté ne se soulève. Mais le subrogé tuteur peut être absent, ou bien l'immeuble incendié étant très éloigné, le subrogé-tuteur peut ne pas avoir connaissance du sinistre ; de son côté le mineur est incapable d'agir par lui-même. Reste le tuteur. Or, l'intérêt du tuteur est ici absolument contraire à celui du pupille, puisque par son silence, il pourra faire échapper la représentation de l'immeuble sinistré à l'hypothèque légale du mineur.

Aussi que peut faire le tuteur, s'il n'est pas honnête ? Il va trouver aussitôt l'assureur, se montre très accommodant avec lui, accepte sans discussion et sans expertise l'estimation du dommage ; au bout de quelques jours tout est réglé, l'indemnité est payée, tout cela avant que le subrogé tuteur ait eu connaissance du sinistre, et si, dans la suite, celui-ci veut faire opposition, cette opposition sera tardive. De plus, il ne pourra faire annuler le payement effectué, car l'assureur, quand il a payé, ne connaissait pas le mineur, ignorait l'existence de l'hypothèque légale de celui-ci, ou tout au moins la preuve contraire serait à peu près impossible à faire.

Voilà donc ce mineur, à peu près privé de toute ressource, ne pouvant faire l'opposition exigée en quelque sorte par la loi nouvelle, et ayant pour représentant légal une personne qui a un intérêt absolument contraire au sien.

Ne devrait-on pas souhaiter que des intérêts si respectables fussent un peu mieux sauvegardés, ne devrait-on pas admettre avec M. Royer qu'un délai fût imparti pour produire à partir du sinistre, et qu'il fût fait défense à l'assureur de payer jusqu'à l'expiration de ce délai? De cette façon, les intérêts de chacun seraient sauvegardés, du créancier à hypothèque légale d'abord, dont le subrogé-tuteur pourrait à temps faire opposition au payement de l'indemnité ; des autres créanciers ensuite qui ne se trouveraient pas exposés à voir surgir après coup un créancier qu'ils ne connaissaient pas, et dont le titre serait préférable aux leurs ; de l'assureur enfin, qui serait sûr, après l'expiration de ce délai, que personne ne viendrait plus critiquer son payement, ni suspecter sa bonne foi.

IV. — *Quand l'assureur est-il de bonne ou de mauvaise foi?*

Nous avons déjà eu, dans le courant de ces explications, l'occasion de répondre plusieurs fois à cette question. Il nous faut maintenant condenser ces réponses et formuler une règle générale applicable à toutes les hypothèses.

M. Maunoury, rapporteur de la Commission, à la Cham-

bre des députés, disait : « Si le débiteur de l'indemnité a
payé avant de connaître le droit de préférence, il ne peut
être tenu de payer deux fois ». Il semble donc qu'une
seule condition soit exigée pour que l'assureur soit déclaré
de mauvaise foi : c'est qu'il ait réellement connaissance
de l'existence du ou des créanciers privilégiés ou hypothécaires.

Cette question de la connaissance est d'ailleurs une
pure question de fait et les tribunaux ont plein pouvoir
pour la résoudre.

Nous avons vu que lorsque l'opposition, sous quelque
forme qu'elle se présente, est intervenue en temps utile,
c'est-à-dire avant le payement de l'indemnité, l'assureur
qui a payé néanmoins devait être déclaré de mauvaise foi,
parce qu'il ne pouvait prétendre ignorer l'existence de ce
créancier opposant.

Nous avons vu aussi que le créancier, qui par ignorance
ou par suite de retard n'a pas fait opposition en temps
utile, pouvait néanmoins obliger l'assureur à payer une
seconde fois, s'il démontrait que celui-ci, lorsqu'il a payé
soit l'assuré, soit un créancier chirographaire saisissant,
soit même un créancier attributaire postérieur en rang,
connaissait l'existence de son privilège ou de son hypothèque.

A fortiori l'assureur serait-il déclaré de mauvaise foi,
si le payement était vicié par une collusion ou une impru
dence grave.

Donc la question de bonne ou de mauvaise foi de l'assureur est soumise à une seule condition : avait-il ou non réellement connaissance du droit du créancier privilégié ou hypothécaire? Cette seule circonstance suffit pour lier l'assureur ; elle équivaut par conséquent à une véritable opposition au payement de l'indemnité.

Reste la question de preuve. A qui incombe-t-elle ? Sans contredit, l'on devra appliquer ici la règle de droit commun : *Actori incumbit probatio*. Or quel est ici le demandeur? C'est évidemment le créancier. L'assurance a payé l'indemnité qu'elle devait; il y a en sa faveur une présomption qu'elle a payé de bonne foi ; un créancier vient contester la validité de ce payement, sous prétexte qu'il a été effectué à son préjudice et que l'assureur était de mauvaise foi. C'est à lui à prouver cette mauvaise foi (1).

Comment le créancier fera-t-il cette preuve?

La question de bonne ou de mauvaise foi étant une question de fait, cette preuve pourra être faite par tous les moyens possibles, y compris les présomptions.

F. — QUESTION SPÉCIALE

La loi de 1889 reconnaît le bénéfice de l'attribution au profit des créanciers privilégiés ou hypothécaires, non seulement sur l'indemnité due par l'assureur à la victime

---

(1) Voyez cependant Trib. de Brives, 18 déc. 1889. *Rec. pér. des ass.*, 1892, p. 60.

du sinistre, mais aussi sur celle qui peut être due par le locataire ou le voisin responsables (art. 2 et 3 § 1). Or souvent il arrive que, par suite de l'incendie qui a détruit l'immeuble, ces deux indemnités se trouvent dues, par l'assurance, d'une part, par le responsable, d'autre part.

Et une question se pose; les créanciers privilégiés ou hypothécaires, pourront-ils exercer leurs droits sur ces deux indemnités?

Quatre systèmes principaux peuvent être soutenus suivant que l'on accorde aux créanciers un droit d'option entre ces deux indemnités, suivant qu'on leur permet, qu'on leur refuse ou qu'on ne leur accorde que subsidiairement de cumuler leurs droits sur ces deux indemnités.

Pas de difficulté bien entendu, lorsqu'une indemnité suffit pour désintéresser tous les créanciers privilégiés ou hypothécaires. Leur créance étant éteinte, ils n'ont plus rien à réclamer. Nous supposons, au contraire, que l'une des indemnités a été distribuée la première et que tous les créanciers hypothécaires n'ont pas été désintéressés par suite de cette distribution ou qu'ils ont été déclarés forclos par suite de la production tardive de leurs titres?

Pourront-ils ou non se faire valablement colloquer sur la deuxième indemnité ?

Deux systèmes refusent d'une façon absolue aux créanciers le droit d'exercer leur action concurremment sur les deux indemnités.

Sur quelle indemnité le droit des créanciers portera-t-il ; c'est par là qu'ils diffèrent.

a) 1er *système.* — D'après le premier système (1), les créanciers ont un droit *d'option* entre l'indemnité due par l'assureur et celle due par le locataire. « Le locataire est-il solvable et l'indemnité à sa charge est-elle plus forte que celle qui est due par l'assureur, ce qui a lieu notamment lorsque, depuis la date de la police, l'immeuble a acquis une plus-value ? Les créanciers auront plus d'avantage à se faire attribuer l'indemnité due par le responsable. Dans le cas contraire, il leur est indifférent d'opter entre l'un ou l'autre de leurs débiteurs. Le locataire est tenu de payer l'immeuble, mais sur le pied de sa valeur au moment du sinistre ; et l'assureur n'est pas tenu au delà. Les créanciers s'adresseront de préférence à celui qui leur paraîtra le plus solvable. »

Ce système est assez ingénieux, mais nullement juridique. En vertu de quel principe les créanciers se trouveront-ils avoir un droit d'option entre les deux indemnités ? Est-ce la loi de 1889 qui leur accorde ce droit ? Certainement non. Cette loi se borne en effet à déclarer que le bénéfice de l'attribution a lieu au profit des créanciers privilégiés ou hypothécaires, aussi bien au cas d'assurance de responsabilité qu'au cas d'assurance directe ; elle ne dit pas du tout que ces créanciers pourront exercer un droit d'option entre les deux indemnités et c'est pourtant elle seule qui aurait qualité pour le dire.

(1) Escorbiac, *Op. cit.*, p. 113.

b) 2ᵉ *système*. — Un second système (1) part du même point de vue que le premier et décide que le droit des créanciers ne peut aussi porter que sur une seule indemnité ; mais d'après ce système, l'attribution n'a lieu au profit des créanciers sur l'indemnité due par le locataire ou le voisin que si l'immeuble loué au voisin n'est pas lui-même assuré. Si au contraire, l'immeuble est assuré, les créanciers ne pourront exercer leur droit de préférence que sur l'indemnité due par l'assureur du propriétaire, de sorte que l'article 3 devrait être ainsi conçu : « Il en est de même, *au cas où l'immeuble n'est pas assuré*, des indemnités dues par le locataire... »

Mais pour faire dire au législateur une chose qu'il n'a pas du tout exprimée, qui semble absolument contraire au texte même de la loi, il faudrait que cette proposition sous-entendue ressortît au moins clairement des intentions du législateur et des travaux préparatoires. On a beaucoup cherché, on a fouillé tous les discours, et on a cru trouver, à grand'peine d'ailleurs, une seule phrase, une phrase de M. Lacombe, ainsi conçue : « En effet, si l'immeuble est assuré, l'on trouve juste que l'indemnité due à la suite du sinistre soit désormais dévolue hypothécairement aux créanciers ; mais si l'immeuble non assuré est entre les mains d'un locataire responsable..., l'indemnité due par le locataire a évidemment le même caractère vis-à-vis du propriétaire et de ses créanciers que celle que

______

(1) *Pandectes françaises*, V. *Assurances*, nᵒ 1556 et suiv., p. 134.

devrait, en cas de sinistre, la compagnie d'assurances. Si l'une de ces indemnités doit être distribuée entre des créanciers privilégiés ou hypothécaires suivant leur rang, on ne voit pas pourquoi il n'en serait pas de même de l'autre... »

Mais, où voit-on, que dans cette phrase, M. Lacombe ait entendu faire cette distinction que l'on prétend sous-entendre dans la loi? L'honorable sénateur dit seulement que l'on doit égalemement reconnaître le bénéfice de l'attribution sur l'indemnité de responsabilité puisqu'on l'a reconnu sur l'indemnité d'assurance ; il montre combien il serait injuste de ne pas assimiler, au point de vue de l'attribution, ces deux sortes d'indemnités et c'est particulièrement au cas où l'immeuble n'est pas assuré, que cette injustice sera plus flagrante, car le droit des créanciers privilégiés ou hypothécaires serait alors complètement anéanti. C'est là tout ce que veut dire cette proposition conditionnelle « mais si l'immeuble non assuré..... ». Mais M. Lacombe ne dit nullement que le droit des créanciers ne portera que sur une seule des indemnités ; il ne fait pas du tout la distinction que l'on prétend lui faire faire. S'il avait voulu qu'il en fût ainsi, il aurait posé deux propositions conditionnelles opposées l'une à l'autre ; il aurait dit : « Si l'immeuble est assuré..... ; si l'immeuble n'est pas assuré.... » ; au contraire les deux propositions ne concordent pas entre elles ; dans la deuxième l'expression « non assuré » n'intervient qu'à titre purement incident, et non pas comme condition de la proposition.

Mais il y a aussi, dit-on, les arguments juridiques. Maintes fois, au cours de la discussion, on considéra que l'indemnité serait assimilée à un prix de vente. L'indemnité représente l'immeuble incendié comme le prix représente l'immeuble vendu. Or le prix ne peut être dû qu'une fois, de même si un seul sinistre donne naissance à deux indemnités, l'une due par l'assureur, l'autre due par le locataire, les créanciers privilégiés ou hypothécaires ne pourront prétendre qu'à une seule des indemnités. Or si l'immeuble est assuré, l'indemnité d'assurance représentant la maison incendiée, c'est cette indemnité qui sera seule attribuée aux créanciers ; ils ne peuvent en effet prétendre à la seconde, à l'indemnité de responsabilité, car ils pourraient alors se faire payer deux fois la valeur de l'immeuble. Au contraire si l'immeuble n'est pas assuré, ils pourront se faire attribuer par préférence, en vertu de l'article 3, l'indemnité due par le locataire ou le voisin.

De plus, ajoute-t-on, si l'on admettait que les créanciers puissent exercer leurs droits sur les deux indemnités, on détruirait toute l'utilité et toute l'efficacité de la clause de subrogation qui est toujours consentie par l'assuré au profit de son assureur.

En effet l'assureur ne consent jamais à payer l'indemnité due en vertu de la police, qu'à la condition d'être subrogé dans les droits de l'assuré contre les tiers qui peuvent être déclarés responsables du sinistre.

D'après une opinion souvent admise, cette subrogation, de même que toute subrogation (art. 1250), n'a d'effet qu'à partir du payement de l'indemnité. Le droit de l'assureur subrogé ne devient donc parfait qu'au moment de ce payement, par conséquent postérieurement au sinistre. Or si l'on admet que les créanciers privilégiés ou hypothécaires peuvent se faire payer à la fois les deux indemnités, on est forcé de constater que sur ces deux indemnités, ces créanciers devront passer avant l'assureur subrogé, car le bénéfice de l'attribution leur est reconnue par la loi de 1889 dès le moment du sinistre, par conséquent avant le payement de l'indemnité due par l'assureur ; de telle sorte que les droits de cet assureur se trouveraient absolument sacrifiés !

En outre, l'assureur subrogé ne peut avoir plus de droits que le subrogeant ; or celui-ci, le propriétaire, ne peut pas toucher l'indemnité due par son locataire avant que ses créanciers privilégiés ou hypothécaires aient été désintéressés ; il doit en être de même pour l'assureur qui ne peut exercer que les droits du propriétaire sinistré, et si l'on admet que les créanciers peuvent, même au cas où l'immeuble est assuré, se faire payer sur l'indemnité de responsabilité, on admet par là même que ces créanciers pourront se faire payer par préférence à l'assureur subrogé.

c) 3° système. — Mais ces arguments ne me semblent pas du tout décisifs ; le système du non cumul me semble contraire au texte de la loi et à l'équité ; au texte de la loi, cela est certain ; le législateur attribue aux créanciers les deux catégories d'indemnités ; s'il avait voulu que l'indemnité de responsabilité ne leur fût attribuée, qu'au cas où l'immeuble n'était pas assuré, il n'eût pas manqué de le dire ; la loi ne distingue pas ; les travaux préparatoires ne distinguent pas non plus, nous l'avons vu ; il ne faut donc pas faire dire au législateur ce qu'il n'a pas dit.

Cette théorie du non cumul est de plus contraire à l'équité. Par exemple : supposez un immeuble insuffisamment assuré par son propriétaire (l'immeuble vaut 100.000, il est assuré pour 30.000) ; cet immeuble est hypothéqué pour 80.000 ; il vient à être détruit par un incendie ; le locataire qui l'habite ne peut dégager sa responsabilité, et il est solvable. D'après le premier système, les créanciers privilégiés ou hypothécaires ne seront attribués que sur la première indemnité, sur les 30.000 francs. Sur les 70.000 francs qui restent dus par le locataire, c'est l'assureur du propriétaire subrogé dans ses droits qui viendra seulement en ordre utile, mais qui ne pourra se faire payer que jusqu'à concurrence de ce qu'il a déboursé, jusqu'à concurrence de 30.000 francs. Les créanciers privilégiés ou hypothécaires qui n'ont pu se faire colloquer valablement sur l'indemnité d'assurance, pourront-ils se faire attribuer par préférence les 40.000 francs qui se trouvent encore dus par le locataire? La logique, l'équité, le texte de la loi semblent bien répondre oui. Il faudrait pourtant, si l'on admettait le système du non cumul, décider que cette indemnité tombe dans le patrimoine du propriétaire et doit être partagée au marc le franc entre tous les créanciers de celui-ci, sans que l'on ait aucunement à tenir compte de leurs droits de préférence ; car, dans ce système, si l'immeuble est assuré, et c'est ici le cas, l'indemnité due par le locataire n'est pas attribuée aux créanciers privilégiés ou hypothécaires du propriétaire.

Mais, d'un autre côté, allons-nous admettre que les deux indemnités sont attribuées ensemble aux créanciers privilégiés ou hypothécaires du propriétaire, que sur ces deux indemnités ces créanciers pourront se faire payer par préférence à tous autres, même à l'assureur subrogé. Cela pourrait se soutenir mais en défendant ce système, nous croirions tomber dans un excès contraire et dans une injustice plus flagrante encore.

d) 4e système. — Oui, en vertu de la loi de 1889, les créanciers peuvent cumuler leurs droits sur les deux indemnités, mais seulement subsidiairement, c'est-à-dire, à condition que la Compagnie d'assurance qui a versé la première indemnité, ait été auparavant complètement désintéressée.

Les créanciers privilégiés ou hypothécaires se font d'abord attribuer par préférence l'indemnité d'assurance. Puis, sur l'indemnité due par le locataire responsable, viendra d'abord la Compagnie d'assurance subrogée dans les droits du propriétaire, viendront ensuite les créanciers privilégiés ou hypothécaires qui n'ont pas encore été payés et auxquels la loi nouvelle attribue aussi bien l'indemnité de responsabilité que l'indemnité d'assurance.

Mais en vertu de quel titre, et par là je réponds à une objection que l'on faisait dans le premier système, l'assureur subrogé peut-il se faire payer sur l'indemnité de responsabilité, par préférence au reste des créanciers privilégiés ou hypothécaires.

On peut dire d'abord que l'équité nécessite cette solution. En reprenant notre hypothèse, l'assureur a déboursé 30.000 francs ; il a enrichi la masse des créanciers munis de sûretés réelles jusqu'à concurrence de pareille somme ; si l'on permettait à ces créanciers de se faire attribuer la totalité de l'indemnité de responsabilité, on leur permettrait de s'enrichir sans cause aux dépens de l'assureur du propriétaire.

Mais aussi, se plaçant au point de vue juridique, il me semble juste de décider que, sur l'indemnité de responsabilité, l'assureur passera avant les créanciers privilégiés ou hypothécaires parce qu'il est lui-même subrogé légalement à ces créanciers.

Et en effet, l'assureur, en payant son indemnité, est devenu créancier du responsable ; il ne peut en effet, supporter les conséquences de l'incendie, puisque c'est le locataire qui doit les supporter ; d'un autre côté, cet assureur simple créancier chirographaire du responsable, en payant son indemnité entre les mains des créanciers privilégiés ou hypothécaires, a payé des créanciers qui lui étaient préférables à raison de leurs privilèges ou hypothèques, jusqu'à concurrence de 30.000 francs, toujours d'après notre même hypothèse.

Or, l'article 1251 dit : « la subrogation a lieu de plein « droit : 1° Au profit de celui qui étant lui-même créan- « cier, paye un autre créancier qui lui est préférable à « raison de ses privilèges ou hypothèques ». Cet article se trouve donc applicable dans notre hypothèse, l'assureur est donc bien subrogé aux créanciers privilégiés ou hypo- thécaires jusqu'à concurrence de ce qu'il a payé, et en vertu des principes de la subrogation, l'assureur pourra se faire payer par préférence à tous autres sur l'indemnité due par le responsable.

Et cette solution semble bien être à la fois la plus équitable, la plus conforme au texte de la loi et la plus juridique.

Nous supposions tout à l'heure (1) une maison assurée jusqu'à concurrence de 30.000 francs — valant 100.000 francs, grevée d'hypothèques pour 80.000 francs et habitée par un locataire solvable qui est déclaré responsable. L'assurance paye son indemnité. Cette indemnité est attribuée, je suppose, à Primus, créancier de 30.000 francs et qui a le premier inscrit son hypothèque. Le locataire, lui, doit 100.000 francs. Il devra d'abord payer 30.000 francs à la Compagnie d'assurance qui est subrogée dans les droits de Primus qu'elle a payé. Sur les 70.000 francs qui restent, 50.000 francs seront attribués aux autres

____

(1) V. *suprà*, p. 119.

créanciers privilégiés ou hypothécaires du propriétaire en vertu de l'article 3 de la loi de 1889. (50.000 + 30.000 = 80.000.)

Les 20.000 francs qui restent tomberont dans le patrimoine du propriétaire et seront partagés au marc le franc entre ses créanciers chirographaires.

Et enfin cette solution nous permet aussi de répondre à l'objection que l'on nous faisait, savoir que l'indemnité doit être assimilée à un prix de vente et que le prix ne peut être dû qu'une fois (1).

On reprochait à notre système de permettre aux créanciers de se faire attribuer deux indemnités, alors qu'une seule se trouvait leur être due. Or, nous venons de voir, qu'en définitive, les créanciers ne touchaient qu'une seule indemnité, celle due par le responsable, puisque nous avons admis que la Compagnie d'assurance pouvait se faire rembourser par préférence à tous autres l'indemnité qu'elle s'était trouvée forcée de payer, par suite du contrat passé avec le propriétaire (2).

Donc, pour nous résumer en quelques mots, le législateur de 1889, n'a pas du tout entendu subordonner l'attri-

____

(1) V. *suprà*, p. 117.

(2) Ce système se trouve confirmé en quelque sorte par un très récent jugement du Tribunal de la Seine du 10 avril 1900.

V. *Gazette des Tribunaux*, n⁰ du 4 août 1900 :

« Les créanciers privilégiés et hypothécaires sont fondés à faire valoir leurs droits cumulativement sur l'indemnité d'assurance et sur le prix de l'immeuble reconstruit et vendu, etc... »

bution de l'indemnité de responsabilité, au profit des créanciers privilégiés ou hypothécaires, à la condition que l'immeuble ne serait pas assuré. Ce qu'il a voulu, c'est que, au cas où l'indemnité due par le responsable est plus forte que celle due par l'assureur, ces créanciers puissent, outre la première indemnité, se faire attribuer le surplus de la seconde, afin que ce surplus ne tombe pas, comme avant la loi nouvelle, dans le patrimoine du responsable et ne devienne la proie de tous les créanciers quels qu'ils soient.

G. — RÈGLEMENT DE L'INDEMNITÉ

I. — *Règlement.*

Maintenant que les principales difficultés théoriques que soulève l'étude des articles 2 et 3 § 1 de la loi de 1889 se trouvent tranchées, il nous reste à en rechercher, très brièvement d'ailleurs, les applications pratiques.

Pour que la loi de 1889 puisse recevoir utilement son application, nous avons vu qu'il fallait que les créanciers privilégiés ou hypothécaires du sinistré se fussent faits connaître à l'assureur au moyen d'oppositions ; nous avons vu également ce qu'il fallait entendre par le mot « opposition ».

Nous supposons donc maintenant que des oppositions ont été faites à l'assureur et que, par suite, l'indemnité n'a pas été payée entre les mains de la victime du sinistre. Une première difficulté peut se produire.

Pour connaître le montant de l'indemnité, il faut évaluer le préjudice causé, procéder à une expertise, etc. — Entre qui ce règlement interviendra-t-il ?

On décide d'une façon générale, que le règlement des dommages n'interviendra qu'entre l'assureur et l'assuré, sans le concours des créanciers privilégiés ou hypothécaires. Mais bien entendu, ce règlement pourrait être attaqué en cas de fraude : *fraus omnia corrumpit* (art. 1167).

Cette solution découle d'abord des travaux préparatoires. L'indemnité est assimilée à un prix de vente ; dans la vente, les créanciers n'interviennent jamais dans la fixation du prix.

Elle est conforme aussi aux principes juridiques qui gouvernent la matière, conforme aussi au régime antérieur à la loi nouvelle, régime qui ne doit pas être changé sur ce point. Malgré l'existence des créanciers cessionnaires, en effet, les assureurs n'en procédaient pas moins au règlement des dommages causés, avec l'assuré seul ; les créanciers n'intervenaient jamais à l'expertise. Ce que l'assuré leur avait transporté, ce n'était pas son droit éventuel à l'indemnité, mais cette indemnité éventuelle elle-même, telle qu'elle serait fixée, en cas de sinistre, par une expertise.

De même aujourd'hui où l'attribution au profit des

créanciers a lieu de plein droit, l'assureur n'en devra pas
moins procéder à l'expertise avec l'assuré seul. C'est en
effet l'indemnité elle-même et non pas le droit à l'indemnité qui se trouve ainsi attribuée aux créanciers privilégiés ou hypothécaires.

Donc les créanciers ne doivent intervenir ni à l'évaluation de l'indemnité, ni à l'expertise ; mais les experts
doivent prendre soin d'établir un chapitre d'évaluations
distinct, pour chaque catégorie des objets qui peuvent
donner lieu à un ordre particulier d'attributions et doivent
suivre dans cette évaluation la nature des droits de préférence des divers créanciers.

Autre difficulté. Les clauses du contrat d'assurance
peuvent autoriser l'assureur à remplacer ou à réparer les
objets détruits ; elles peuvent exiger aussi que l'assuré
emploie l'indemnité fixée, à la réédification des constructions assurées. Les créanciers privilégiés ou hypothécaires
opposants peuvent-ils empêcher, en vertu de l'article 2,
que ces clauses reçoivent leur exécution ?

Je ne le crois pas, car ils ne peuvent pas se plaindre
d'une clause qui leur restitue leur gage, dans l'état où il
était antérieurement au sinistre. D'un autre côté, ils doivent être considérés comme ayant tacitement accepté les
conditions du contrat d'assurance, car lors de la constitution de l'hypothèque, leur débiteur, comme garantie, n'a
pas dû manquer de leur produire la police d'assurance ;
ils ne peuvent donc pas prétendre en ignorer le contenu

et par là même ne peuvent pas non plus protester contre les conditions qu'elle renferme.

D'ailleurs, la loi belge de 1851 et la loi italienne de 1887 se sont montrées plus pratiques et plus prévoyantes que la nôtre, en décidant que la subrogation n'aura pas lieu au profit des créanciers privilégiés ou hypothécaires, lorsque l'indemnité sera employée à la reconstruction ou à la réparation de l'immeuble assuré (1).

Enfin il est bon de constater avec la jurisprudence (2) que, malgré l'existence révélée de créanciers privilégiés ou hypothécaires, l'assuré n'en conserve pas moins son action en payement, son action directe contre l'assureur. C'est principalement cette raison qui me faisait repousser le système courant qui consiste à voir dans la loi de 1889 une délégation légale au profit des créanciers privilégiés et hypothécaires (3).

En effet, les oppositions faites entre les mains de l'assureur par ces créanciers n'ont que les effets d'une opposition ordinaire ; c'est-à-dire une mainmise sur la créance qui appartient au débiteur, une défense de payer, mais défense et mainmise n'ayant nullement pour but d'enlever au saisi (assuré) l'action qui lui appartient contre le tiers saisi (assureur).

(1) Vide *suprà*, p. 58 et suiv.
(2) Tr. civ. Seine, 17 fév. 1893, *Rec. pér. ass.*, 1893, p. 256.
(3) Vide *suprà*, p. 67 et suiv.

II. — *Payement.*

Lorsque le règlement est opéré, lorsque le quantum de l'indemnité est fixé, il reste à l'assureur à payer cette indemnité.

Entre les mains de qui l'assureur doit-il payer?

Si d'abord aucune opposition n'a été faite, si aucun créancier ne vient contester la bonne foi de l'assureur, aucune difficulté ne peut se soulever. Celui-ci, après s'être entendu avec l'assuré pour la fixation de l'indemnité, soit amiablement, soit par expertise, verse l'indemnité entre les mains de cet assuré.

Mais nous supposons qu'une ou plusieurs oppositions sont intervenues, soit avant, soit après le sinistre et deux hypothèses peuvent alors se présenter.

a) Sous l'ancienne loi, il arrivait fréquemment que les créanciers cessionnaires et opposants, ayant confiance dans la solvabilité de leur débiteur, consentaient à l'assuré des désistements de transports et des mainlevées d'oppositions. Cette façon de procéder facilitait le règlement et le payement de l'indemnité, en ce que l'assuré pouvait alors toucher directement de son assureur, le montant de cette indemnité.

La même chose peut se produire sous la loi nouvelle. Si tous les créanciers opposants (antérieurs ou même postérieurs au sinistre) accordent au débiteur assuré la mainlevée de leur opposition, si les créanciers privilégiés ou hypothécaires s'entendent entre eux pour ne pas faire opposition, l'assuré muni de ces renonciations et sûr de ne pas être inquiété, pourra toucher directement l'indemnité à laquelle il a droit. Il s'agira alors de répartir cette indemnité entre les divers créanciers suivant leur rang; ces créanciers pourront intervenir à cette répartition, discuter les titres, etc. Ordinairement les parties s'adressent à un notaire qui examine les titres et paye les intéressés selon leur rang jusqu'à épuisement des deniers ; ceux qui ne sont pas venus en ordre utile, ne peuvent contester le règlement opéré. Le notaire dresse alors un procès-verbal de la répartition et toutes les inscriptions sont rayées. Ces sortes de règlements ont l'avantage d'être à la fois rapides et peu onéreux.

Si le débiteur et ses créanciers ne peuvent pas s'entendre amiablement, on procède à un ordre judiciaire conformément à la loi.

b) Mais, et ceci est la seconde hypothèse, il se peut que l'assuré ne puisse pas obtenir les mainlevées et adhésions de tous les créanciers. Alors l'assureur ne peut pas payer directement entre les mains de son assuré. Son indemnité est frappée d'indisponibilité.

Comment le règlement de l'indemnité s'opérera-t-il ?

Trois hypothèses peuvent se présenter et je me contente

de résumer très brièvement les explications qu'elles comportent (1).

1° Tous les créanciers sont d'accord entre eux en ce qui concerne la répartition de l'indemnité, mais c'est l'assuré qui, voyant l'indemnité absorbée par ses créanciers, se désintéresse du règlement et refuse d'intervenir à la quittance.

Dans ce cas, l'assureur devra se faire remettre les différentes pièces qui justifient l'existence, la nature et le rang des créanciers hypothécaires ou privilégiés. Puis l'assureur signifiera ces justifications par acte extrajudiciaire à l'assuré, lui déclarant que l'indemnité sera par lui versée aux créanciers, à moins que, dans un certain délai (8 jours par exemple), il ne croie devoir contester l'existence de tout ou partie de ces créances et former opposition au payement projeté ; passé le délai sans réponse, le projet de règlement deviendra définitif et les créanciers pourront se faire valablement payer dans l'ordre qui leur est assigné par le règlement ; si au contraire l'assuré fait opposition dans le délai fixé, la répartition sera opérée par le juge, suivant les règles du Code de Procédure.

2° L'assuré est disposé à intervenir à la quittance, mais les créanciers sont en désaccord sur leurs rangs respectifs et ne peuvent s'entendre pour signer collectivement cette quittance.

(1) Pour de plus amples développements, Vide *Pandectes franç.*, V. *Assurances*, n° 1552.
Moniteur des Assurances, n° du 15 mars 1889.

L'assureur devra, comme dans la première hypothèse, se procurer les titres, répartir l'indemnité entre les différents créanciers, fixer un certain délai, à l'expiration duquel, la répartition deviendra définitive. Si avant l'expiration du délai, quelques-uns des créanciers forment opposition au payement projeté, l'assureur devra, comme plus haut, attendre les poursuites judiciaires, et c'est au juge qu'il appartiendra de répartir définitivement l'indemnité entre les divers créanciers.

3° L'assuré ni ses créanciers ne peuvent s'entendre pour signer collectivement la quittance.

Dans cette hypothèse, beaucoup plus délicate que les précédentes, le moyen le plus sûr sera, pour l'assureur, de signifier par acte d'offres réelles collectif, le montant de l'indemnité qu'il croit devoir en vertu de la police d'assurance, et de déclarer qu'en présence du désaccord existant entre les créanciers et leur débiteur, il déposera les fonds à la Caisse des Dépôts et Consignations, dans un délai de..., à moins que, dans ce délai, les dites parties ou l'une d'elles ne déclarent former opposition à ce dépôt, auquel cas la même solution que dans les deux autres hypothèses devrait être applicable.

Enfin il peut arriver que pendant la dicussion des titres et du rang des créanciers, pendant la fixation, pendant la répartition amiable ou judiciaire de l'indemnité, de nouveaux créanciers privilégiés ou hypothécaires se fassent connaître de façon quelconque (des créanciers à hypothèque légale notammment). Ces créanciers devront-ils être colloqués suivant leur rang, et figurer dans la répartition ? Certainement, car ils sont attribués sur l'indemnité aussi bien que les autres, et l'opposition qu'ils font intervient encore à temps, puisque le payement de l'indemnité n'est pas encore effectué. Pour la solution des difficultés qui peuvent ainsi surgir, il n'y a qu'à renvoyer aux règles ordinaires en matière d'ordre, ou de distribution par contribution.

§ 2. — Article 3 § 2 de la loi du 19 février 1889.

« En cas d'assurance du risque locatif ou du recours du « voisin, l'assuré ou ses ayants droit, ne peuvent toucher « tout ou partie de l'indemnité, sans que le propriétaire « de l'objet loué, le voisin ou le tiers subrogé à leurs « droits, aient été désintéressés des conséquences du si- « nistre ».

Jusqu'ici nous avons envisagé le recours du propriétaire contre le locataire ou le voisin responsables du sinistre, en dehors de toute idée d'une assurance contractée par les personnes responsables. Mais il arrive le plus souvent que ces personnes ont contracté une assurance pour se garantir contre le risque pouvant leur incomber, le locataire contre les conséquences pécuniaires qui résultent pour lui de l'article 1733, le voisin contre les conséquences pécuniaires qui peuvent résulter de l'article 1382 :

c'est l'assurance du risque locatif ou du recours du voisin. Le § 2 de l'article 3 a précisément pour objet de conférer au propriétaire un droit sur l'indemnité qui peut être due par l'assureur du locataire ou du voisin responsables.

Si donc, nous supposons qu'un locataire ou un voisin sont responsables d'un incendie, deux graves questions viennent à surgir, et l'étude de ces deux questions aura pour but d'expliquer le § 2 de l'article 3 de la loi de 1889 et de résoudre les difficultés qu'il peut soulever.

I. Le propriétaire de la maison louée, le voisin ou le tiers subrogé à leurs droits peuvent-ils prétendre à l'indemnité due par la Compagnie d'assurances, par préférence aux propres créanciers du locataire ou du voisin responsables ?

II. Ont-ils une action directe contre la Compagnie d'assurances ?

I. — Première question. Privilège.

Il n'est pas besoin d'insister longuement pour pouvoir apprécier l'intérêt considérable que présente cette question ; en effet, si l'on admet que la loi de 1889 a créé un privilège au profit de la victime du sinistre, on lui permet de toucher l'intégralité de l'indemnité au détriment de tous autres créanciers, même privilégiés ou hypothécaires ; dans le cas contraire le sinistré ne peut concourir qu'au marc le franc avec les créanciers chirographaires du responsable.

A. — HISTORIQUE

Avant la loi nouvelle, la question n'était guère douteuse, et malgré quelques controverses, l'opinion qui avait prévalu était celle-ci : l'indemnité due par l'assureur du locataire ou du voisin responsables est considérée comme devant rentrer dans le gage commun des créanciers ; par conséquent le propriétaire est considéré comme un simple créancier chirographaire et n'a aucun droit de préférence sur l'indemnité d'assurances. Cette opinion était du reste conforme à la règle générale, en matière d'attributions d'indemnités (1); mais elle n'était guère équitable, tant elle était défavorable au propriétaire de l'immeuble sinistré.

Aussi une opinion, consacrée d'ailleurs par quelques décisions judiciaires, vint-elle soutenir que l'indemnité due pour risque locatif devait être attribuée directement et par privilège au propriétaire. On disait : le contrat d'assurance ne peut jamais être une cause de bénéfice ; or il en sera ainsi si l'on admet que l'indemnité doit être versée entre les mains du responsable. En effet, celui-ci peut garder cette indemnité et s'il devient insolvable, en

(1) Aubry et Rau, t. III, no 261.

priver définitivement la victime du sinistre, le propriétaire. En outre si l'indemnité tombe dans le patrimoine
du responsable, devient par conséquent le gage des
créanciers, n'y a-t-il pas pour ceux-ci enrichissement
immoral et sans cause. Car cette solution permettrait au
responsable de payer ses dettes, avec une indemnité
représentant une chose qui ne lui a jamais appartenu.

Enfin on tirait de l'article 2102 un argument en faveur
de ce système. « Le bailleur, dit la loi, a un privilège
pour tout ce qui concerne l'exécution du bail. » Or, dans
notre hypothèse, l'indemnité est due par suite d'une
faute du locataire dans l'exécution du bail. Par conséquent
elle doit être attribuée par privilège au bailleur (1).

Mais ce système n'avait pas prévalu. Sans doute tout
contrat d'assurance ne doit pas être une cause de bénéfice
pour l'assuré, mais ce principe n'est vrai qu'entre l'assureur et l'assuré et non pas entre ce dernier et ses créanciers. Or, peut-on dire que le locataire qui a touché l'indemnité d'assurance pour risque locatif se soit enrichi ?
Certainement non, car il doit compte à son propriétaire,
victime du sinistre, de cette indemnité, et tant que le locataire restera solvable, le propriétaire pourra le poursuivre
et le contraindre à payer tout ce qui lui est dû.

Enfin, en ce qui concerne l'argument tiré de l'art. 2012
du Code civil, « tout ce qui concerne l'exécution du bail »,

____

(1) Paris, 13 mars 1837. D. P., 1838 ; 2-154 ; Trib., Rouen, 3 mars
1857 ; Paris, 30 juin 1866 ; Pouget (*Dictionnaire des assurances*).

il suffit, pour le repousser, de remarquer qu'il ne faut pas confondre l'étendue du privilège avec les objets sur lesquels il porte. Sans doute, le bailleur peut exercer son privilège pour ce qui concerne l'exécution du bail sur tous les meubles garnissant les lieux loués. Mais qui songerait à considérer l'indemnité due pour risques locatifs comme un meuble garnissant les lieux loués, cette indemnité étant due en vertu d'un contrat qui n'a absolument rien à voir avec les objets sur lesquels le propriétaire peut exercer son privilège.

Il faut donc dire avec la presque totalité de la doctrine et de la jurisprudence, qu'antérieurement à 1889, l'indemnité due au locataire était bien une créance purement mobilière qui devenait le gage commun de tous les créanciers (1), tout en reconnaissant également que ce système était absolument contraire à la raison et à l'équité (2).

Mais il se trouvait que ce n'était pas le propriétaire sinistré qui subissait le plus souvent les fâcheuses conséquences du système généralement admis. Car ce propriétaire, ordinairement assuré, touchait sa propre indemnité, subrogeait son assureur dans ses droits contre les tiers

____

(1) Tribunal de la Seine, 1854 : Amiens, 30 mars 1859 ; Cass., 20 déc. 1859, D. P., 1860, 1, 68 ; Lyon, 27 déc. 1861, D. P., 1862, 2, 114 ; Cassation, 31 décembre 1862, D. P., 1863, 1, 423 ; Paris, 21 août 1868, D. P., 1868, 2. 236. etc., etc.; Aubry et Rau, t. III, § 261, p. 139 ; Laurent, t. XXIX, no 415.

(2) Voyez un exemple, *Pandectes françaises, Assurances*, no 1573, p. 136.

responsables, de telle sorte que c'était cet assureur subrogé. qui venait concourir au marc le franc, avec les autres créanciers chirographaires du locataire ou du voisin responsables et qui par conséquent subissait le préjudice.

C'est alors que les Compagnies d'assurances voulurent tourner la difficulté en imaginant le moyen suivant :

Il est en matière d'assurance un principe certain ; la Compagnie qui a assuré un risque de responsabilité ne doit garantie à son assuré qu'autant que le propriétaire victime du sinistre réclame quelque chose au responsable. Si par conséquent la personne lésée ne réclame rien, l'assurance ne doit rien non plus.

Ce principe se trouvait d'ailleurs reconnu, même par là jurisprudence qui refusait au propriétaire ou au voisin, un droit de préférence sur l'indemnité de responsabilité (1).

C'est en se fondant sur ce principe, que les Compagnies d'assurances parvinrent à empêcher l'indemnité de responsabilité de tomber dans le patrimoine du locataire ou du voisin, au moyen d'une convention spéciale.

La question n'avait évidemment d'intérêt que lorsque le responsable était insolvable ou d'une solvabilité douteuse. Si donc il était insolvable, deux cas pouvaient se présenter : ou bien le propriétaire sinistré était assuré, ou bien il ne l'était pas.

Dans le premier cas, il avait été désintéressé par son assureur ; c'était donc celui-ci subrogé dans les droits de

____

(1) Douai, 2 déc. 1869, D. P., 1870, 2, 145 ; Paris, 10 mars 1871.

son assuré qui avait une action contre les responsables.
La Compagnie subrogée avait alors pris l'habitude de s'entendre avec la Compagnie garantissant les risques locatifs
ou de voisinage, de façon à éviter de laisser tomber dans
le patrimoine du responsable, l'indemnité due par elle, à
raison de l'assurance qui avait été contractée. Cette entente
intervenait sous forme de transaction ou de convention
quelconque : l'assureur du risque locatif, par exemple,
s'engageait à verser l'indemnité entre les mains de l'assureur subrogé, en même temps que celui-ci renonçait à
exercer son action contre le tiers responsable.

Si le propriétaire n'était pas assuré, c'était ce propriétaire lui-même qui allait s'entendre avec l'assureur
du locataire. Il s'engageait à renoncer à son action en
responsabilité, à condition que l'assureur lui remettrait la
totalité ou une quote-part tout au moins (2/3, 1/2, etc.)
de l'indemnité.

Les deux parties avaient intérêt à faire ce marché, le
propriétaire d'abord, parce qu'il n'aurait certainement pas
touché pareille somme, s'il était venu au marc le franc, en
concurrence avec les autres créanciers de son locataire ;
l'assureur ensuite, car il n'ignorait pas que si le propriétaire agissait principalement contre le locataire, ce dernier l'appellerait en garantie et le forcerait à payer le montant intégral de l'indemnité.

Remarquons toutefois, que, par suite de cette transaction,
le propriétaire renonçait à toute action contre le locataire,
et qu'après avoir reçu le payement de la totalité ou d'une

partie de l'indemnité d'assurance, il ne pouvait plus ensuite recourir contre le locataire pour tout ce qui pouvait
lui être encore dû, en réparation du dommage causé.

La légitimité de ces conventions avait été reconnue par
de nombreux arrêts, principalement par un arrêt de Nancy
et un arrêt de la Cour de Cassation (1).

Mais cette théorie s'élargit de plus en plus. Quand les
deux risques étaient assurés (le risque d'incendie et le
risque locatif), les Compagnies tour à tour assureurs, soit
du propriétaire, soit du locataire, étaient toutes intéressées
à ce que les créanciers des locataires insolvables ne pussent se faire payer au détriment des assureurs subrogés
dans les droits des propriétaires. Elles étaient absolument
d'accord entre elles et ne donnaient même plus à cet accord
la forme transactionnelle. Il était entendu dorénavant, que,
en cas de sinistre, l'assureur du locataire rembourserait
directement à celui du propriétaire, l'indemnité par lui
payée à ce dernier, et ce, malgré les oppositions formées
sur ledit locataire, ou même malgré son état de faillite.
En sorte que les Compagnies en étaient arrivées à créer
un véritable privilège au profit de l'assurance du propriétaire. Mais ce privilège n'existait qu'entre Compagnies ; si
donc le propriétaire n'était pas assuré ou si l'assureur
était un simple particulier, ce privilège n'existait pas à
leur profit et s'ils ne recouraient pas à la convention spé

____

(1) Nancy, 20 mars 1875 ; Cass., 5 février 1878, D. P., 1879, 1,
161.

ciale dont je parlais un peu plus haut, l'indemnité tombait définitivement dans le patrimoine du locataire.

Il y avait encore une autre façon de procéder. Le locataire ou le voisin assurés, pouvaient céder à leur proprié taire ou voisin leur action contre la Compagnie d'assurances. Cette cession intervenait ordinairement au moment de la conclusion du bail. Le bailleur ne négligeait jamais de la stipuler et elle était devenue de style dans tout contrat de bail. Si le locataire ou le voisin étaient déclarés responsables, le propriétaire cessionnaire pouvait donc, après s'être conformé aux prescriptions de l'article 1690 du Code civil, exercer contre l'assureur le recours en garantie appartenant à l'assuré, et, obtenir le bénéfice exclusif de l'indemnité, jusqu'à concurrence de la somme assurée. Mais ce système présentait un inconvénient; en effet, nous verrons, que le locataire responsable doit toujours au propriétaire une somme plus forte que l'assureur des risques locatifs au locataire; sur ce surplus le propriétaire cessionnaire n'avait aucun droit de préférence et concourait au marc le franc avec les autres créanciers du responsable.

En résumé, à l'aide de principes plus ou moins juridiques, en s'appuyant surtout sur de nombreuses raisons d'équité, on en était arrivé à créer en quelque sorte un privilège au profit de la Compagnie d'assurances subrogée dans les droits de la victime du sinistre, et à faire admettre par la jurisprudence sur ce point particulier, une théorie qui se trouvait être en contradiction flagrante avec la doctrine qu'elle admettait alors d'une façon presque générale.

Aussi quand la question d'attribution des indemnités d'assurances vint à être discutée devant le Sénat, M. Lacombe, voulant faire cesser cette anomalie et voulant en même temps consacrer définitivement une réforme que l'équité et la pratique exigeaient, proposa d'ajouter à l'article 2 de la loi, une nouvelle disposition dont le deuxième alinéa était ainsi conçu : « En cas d'assurance du risque « locatif ou du recours du voisin, l'assuré ou ses ayants « droit ne pourront toucher tout ou partie de l'indemnité, « sans que le propriétaire de l'objet loué, le voisin ou le « tiers subrogé à leurs droits, n'aient été désintéressés « des conséquences du sinistre ».

En même temps que lui, M. Lenoël demandait que le propriétaire ou le voisin fussent de plein droit subrogés dans le bénéfice de l'assurance, et que le privilège de l'attribution édictée par l'article 2 au profit des créanciers privilégiés ou hypothécaires, leur fût par conséquent accordé.

Nous savons que le Sénat et la Chambre après lui, adoptèrent purement et simplement l'article proposé par M. Lacombe (1). Il nous faut maintenant rechercher quel est le sens et la portée exacte de cette disposition.

(1) V. *suprà*, Séance du 2 février 1889, *Journal Officiel*.

B. — OBJET ET PORTÉE DU § 2 DE L'ARTICLE 3

Quelle est la portée juridique de cet article, quel est au juste le droit conféré par la loi nouvelle au propriétaire, au voisin ou au tiers subrogé?

La théorie a subi sur ce point une remarquable évolution depuis la promulgation de la loi de 1889.

1° *Premier système. — Droit de rétention.*

On disait tout d'abord (1) : bien que l'intention du législateur soit évidente, bien que celui-ci ait certainement voulu que l'indemnité profitât exclusivement au propriétaire ou au voisin, on ne peut pas cependant aller jusqu'à admettre un privilège spécial au profit de ces deux créanciers. En effet, aucun privilège ne peut exister sans un texte qui le consacre expressément, et non seulement la loi de 1889 ne consacre pas expressément ce privilège, mais les travaux préparatoires semblent contraires à cette idée.

A deux reprises (2), l'honorable sénateur M. Labiche, a déclaré qu'il lui répugnait d'augmenter par la création de

(1) Escorbiac, *Op. cit.*, p. 416.
(2) Séances des 2 et 10 février 1889.

privilèges nouveaux la série déjà trop longue des privilèges existants.

M. Lacombe, membre de la Commission, disait aussi : « Le deuxième paragraphe de l'article 3 est relatif au cas « d'assurance consentie par le locataire ou le voisin de « leurs risques respectifs. Jusqu'à présent l'indemnité due « en cas de sinistre, à la suite de l'assurance des risques « locatifs ou du recours du voisin, n'est pas dévolue d'une « manière spéciale au propriétaire dont l'immeuble a été « incendié ; il peut donc être ruiné par le fait de son « locataire ; celui-ci peut de son côté n'avoir rien à « perdre parce qu'il est suffisamment assuré. Mais, au lieu « de servir à réparer les conséquences du sinistre, l'in- « demnité est le gage des créanciers du locataire, dont « la situation pourra être rendue meilleure par la faute « imputable à leur débiteur ; le propriétaire sera primé « par les cessionnaires de l'indemnité, ou, s'il n'y a pas « de cession, il viendra en concours au marc le franc « avec tous les créanciers saisissants. Il y a là une « situation anormale à laquelle mon article additionnel « a pour but de remédier. »

L'article nouveau a donc pour but de protéger le propriétaire et le voisin, de ne pas permettre aux cession- naires de l'indemnité de passer avant eux, de ne pas permettre aux autres créanciers de venir partager au marc le franc l'indemnité d'assurances à laquelle doit seule avoir droit la victime du sinistre ; mais il semble résulter également ment de ces travaux législatifs que ce propriétaire ou ce voisin n'ont pas non plus un véritable privilège sur l'indemnité due par l'assureur. Celle-ci est simplement déclarée indisponible; le propriétaire n'a sur elle qu'un droit de rétention : la loi dit bien en effet que le locataire ou le voisin ne pourront pas toucher l'indemnité, tant que la victime du sinistre n'aura pas été complètement désintéressée, mais elle ne dit pas que cette victime du sinistre aura un privilège sur l'indemnité. Elle dit seulement au locataire : Arrangez-vous pour que votre propriétaire soit intégralement remboursé; car, avant qu'il soit complètement désintéressé, vous ne pourrez pas toucher votre indemnité; je l'arrête en effet dans les mains de l'assureur, et je lui défends de s'en dessaisir jusqu'à ce que la condition exigée soit remplie.

Mais de bonne heure on s'aperçut que ce système avait de graves inconvénients et qu'il n'améliorait pas dans la plupart des cas la situation du propriétaire ou du voisin.

En effet, le propriétaire de la maison incendiée n'aurait qu'un droit : empêcher l'assureur de payer entre les mains du responsable. Mais s'il intente lui-même son action personnelle, dérivant soit de l'article 1733, soit de l'article 1382, il renonce par là même à son droit de rétention, et il n'a sur l'indemnité qui lui est allouée par la justice, aucun droit de préférence, aucun privilège. L'indemnité vient donc grossir le patrimoine du responsable et l'on retombe dans les mêmes inconvénients qu'avant 1889.

Or, il arrive que, si l'on admet cette théorie du droit de rétention, jamais le locataire ne remboursera son propriétaire, car il n'y a pas intérêt ; et le propriétaire qui ne sera jamais désintéressé amiablement, est forcé, pour pouvoir au moins toucher quelque chose, d'intenter son action personnelle et par conséquent de subir le concours des autres créanciers du locataire.

Le droit de rétention n'a en effet de véritable utilité, que lorsque la chose retenue est d'une valeur supérieure au montant de la dette. Par exemple : une dette de 100 francs, un gage de 200 francs (droit de rétention du créancier ga-giste). Le débiteur a intérêt à se libérer, car, si d'un côté, il paye 100 francs, de l'autre il en touche 200. Or, c'est tout le contraire qui se produit dans notre hypothèse. En effet, l'indemnité d'assurance sur laquelle porte le droit de ré-tention est toujours inférieure au montant de la dette : le locataire doit toujours une somme plus élevée que son as-sureur (1).

D'où il suit que, l'assuré d'abord, n'aura aucun intérêt à dégager l'indemnité (100.000 francs), car, pour obtenir ces 100.000 francs, il serait obligé de payer une somme plus élevée, de sortir de sa caisse personnelle, par exemple 120.000 francs. Ses créanciers n'auront pas non plus inté-rêt à désintéresser le sinistré, car ils seraient également

______

(1) L'assureur (à moins d'une clause spéciale contenue dans la police) n'est tenu vis-à-vis de son assuré que des conséquences immé-diates du sinistre — le locataire, au contraire, est tenu vis-à-vis de son propriétaire, même des conséquences médiates du sinistre.

forcés de débourser plus qu'ils ne toucheraient ; — quant à l'assureur, il se gardera bien de payer, tant qu'on ne lui réclamera rien, et dans notre hypothèse personne ne peut rien réclamer.

Et alors le droit de rétention du propriétaire ou du voisin serait complètement illusoire, complètement inutile, car, ceux-ci, pour pouvoir obtenir quelque indemnité, se verraient forcés de renoncer à leur droit et d'intenter l'action personnelle qu'ils ont contre le tiers responsable!

Aussi, cette théorie du droit de rétention ne pouvait subsister. De bonne heure la jurisprudence le comprit, et elle donna une extension plus grande au § 2 de l'article 3.

2° Deuxième système. — Privilège.

On admet en effet aujourd'hui, que l'article 3 § 2 accorde au propriétaire, au voisin ou au tiers subrogé, un véritable privilège, qui lui permet de se faire payer sur cette indemnité, par préférence à tous autres créanciers du locataire ou du voisin responsables.

Sans doute le mot « privilège » n'est pas expressément employé, mais cette solution ressort certainement de l'esprit de la loi, et l'on pourrait dire aussi, de son texte.

De son esprit, cela est certain ; les partisans du système du droit de rétention le reconnaissent eux-mêmes. M. Lacombe, en proposant au Sénat son article additionnel, déclarait que cette proposition avait pour but de remédier à la situation anormale qui existait ; or, nous avons vu, que pour remédier à cette situation anormale, il n'y avait qu'un moyen, c'était de permettre au propriétaire, au voisin ou au tiers subrogé, de passer avant les créanciers de leur débiteur, c'était de leur accorder un droit de préférence, un privilège.

Mais cette solution résulte aussi, il me semble, du texte de la loi.

On fonde généralement ce privilège du propriétaire, sur le § 2 de l'article 3. Cela est vrai. Déclarer que le locataire ou ses créanciers ne peuvent toucher tout ou partie de l'indemnité, tant que certain créancier n'aura pas été désintéressé, c'est dire, que ce créancier pourra se faire payer par préférence aux autres créanciers du débiteur. Du reste, nous avons vu que le système du droit de rétention était certainement insuffisant et ne pouvait rentrer dans les intentions du législateur, car alors, la loi aurait été en partie inutile ; il faut donc faire un pas de plus, et par conséquent reconnaître un privilège au profit de la victime du sinistre.

Et si l'on objecte que ce système du privilège est trop extensif, que le mot « privilège » n'est pas mentionné dans le texte de la loi et qu'il n'y a pas de privilège sans texte, je répondrai : on ne peut nier dans l'article 3, § 2, l'existence d'un privilège, parce que ce privilège se trouve déjà implicitement établi par le § 1 de ce même article.

En effet, il me semble, et j'espère le prouver, que le § 2

de l'article 3 n'est qu'une conséquence, très logique d'ailleurs, de la combinaison des articles 2 et 3 § 1.

Que dit en effet le § 1 de l'art. 3? Il dit que l'indemnité due par le locataire ou le voisin, est attribuée de plein droit aux créanciers privilégiés ou hypothécaires du propriétaire sinistré. Il reconnaît donc un privilège au profit de ces créanciers, car, sans la loi de 1889, ceux-ci n'auraient pas pu se faire payer par préférence aux autres.

La conséquence de cette disposition est que le même privilège, la même attribution, doit être également reconnu au profit du propriétaire sinistré, si celui-ci n'a pas de créanciers privilégiés ou hypothécaires. Concevrait-on que ceux-ci eussent plus de droits que celui-là, qu'une indemnité fût attribuée aux créanciers du créancier, sans l'être en même temps, au créancier lui-même? Il est en effet un principe de droit qui dit que, l'on ne peut avoir plus de droits que celui de qui on les tient, que son ayant cause. L'attribution ne peut donc avoir lieu au profit des créanciers, si elle n'a pas lieu en même temps au profit de la victime du sinistre, car ces créanciers auraient alors plus de droits que leurs ayants cause.

Cette conséquence est rationnelle et juridique; par suite on doit décider en vertu de ce seul § 1 de l'article 3 que, à défaut de créanciers privilégiés ou hypothécaires, l'indemnité due par le responsable, est attribuée de plein droit au propriétaire ou au voisin, et que ce propriétaire ou ce voisin ont sur cette indemnité un privilège permettant de se faire payer, par préférence au tiers responsable ou à ses créanciers.

Mais d'un autre côté, l'article 2 de la loi de 1889 décide que les indemnités qui peuvent être dues par suite d'assurances sont attribuées aux créanciers privilégiés ou hypothécaires. Il pose donc un principe général.

Supposons un locataire qui a assuré ses risques locatifs et qui est déclaré responsable d'un incendie. En combinant cet article 2 avec l'article 3 § 1, nous sommes amenés à décider, que le propriétaire sinistré aura un privilège sur l'indemnité due par l'assurance des risques locatifs. En effet, la loi dit que l'indemnité d'assurances est attribuée aux créanciers privilégiés ou hypothécaires. Or ici le propriétaire est un créancier privilégié puisque l'article 3 § 1 vient lui attribuer l'indemnité due par le locataire ou le voisin. Donc, on peut dire que, en vertu de l'article 2, l'indemnité due par l'assureur du responsable lui est aussi attribuée de plein droit.

De telle sorte que le § 2 de l'article 3 serait pour ainsi dire inutile, puisqu'il ne fait que consacrer des principes déjà contenus implicitement dans les autres articles de la loi. Néanmoins, c'est avec beaucoup de raison qu'il a été introduit dans notre législation, car, sans cela, de graves difficultés auraient pu surgir et l'intention du législateur n'aurait pas été établie de façon aussi évidente. Mais il ne faut pas non plus restreindre la portée de cette disposition et ces quelques explications ont eu pour but de montrer le véritable sens de ce § 2 : faire une application, au cas d'assurances du risque locatif ou du recours du voisin, de principes déjà consacrés (1).

C. — SUR QUELLES INDEMNITÉS PORTE LE PRIVILÈGE?

Une question analogue à celle que nous avons étudiée à propos du § 1 de l'article 3 vient se poser ici. Le § 2 est-il ou non limitatif? Comme plus haut, avec la presque totalité des auteurs et de la jurisprudence (2), nous répondrons par l'affirmative. Les deux paragraphes visent en effet les mêmes hypothèses et il n'y aurait pas de raison pour restreindre l'un et étendre l'autre. Qu'il me suffise de renvoyer aux explications que j'ai données plus haut à propos du § 1. Ce caractère limitatif est encore une fois très regrettable, mais il n'en est pas moins certain.

(1) Aujourd'hui la théorie même du privilège est admise d'une façon générale, et les décisions judiciaires qui la consacrent sont très nombreuses. Qu'il me suffise de citer dans les dernières années : Lyon 25 février 1892, *Rec. pér. ass.*, 1892, p. 301 ; Toulouse, 27 mai 1890, *Rec. pér. ass.*, 1892, p. 68 ; Trib. de Castelnaudary, 30 déc. 1891, *Rec. pér. ass.*, 1892, p. 545 ; Doullens, 4 août 1892, *Rec. pér. ass.*, 1894, p. 11 ; Seine, 2 juillet 1893, *Rec. pér. ass.*, 1895, p. 476 ; Tr. Domfront, 14 août 1895, *Rec. pér. ass.*, 1895, p. 463; Seine, 13 juin 1895, *Rec. pér. ass.*, 1895, p. 865 ; Bordeaux, 24 déc. 1895, *Rec. pér. ass.*, 1896, p. 179 ; Limoges, 24 oct. 1896, *Rec. pér. ass.*, 1896. p. 543 ; Cass., req.. 27 janv. 1897, *Rec. pér. ass.*, 1897, p. 109 ; Seine, 30 av. 1897. *Rec. pér. ass.*, 1897, p. 278.

(2) Vide *suprà*, p. 84 et suivantes.

On ne doit donc pas comprendre dans le § 2 de l'article 3 par exemple, l'assurance du propriétaire vis-à-vis de ses locataires (art. 1721 C. civ.), l'assurance de responsabilité du patron envers ses ouvriers en cas d'accident (1).

Mais il ne faut pas oublier que plusieurs indemnités peuvent être dues par suite du voisinage, et surtout par suite du louage. Il arrive fréquemment, par exemple, qu'en dehors de son risque locatif, le locataire assure son mobilier contre l'incendie qui peut le détruire. Le privilège du propriétaire portera-t-il sur l'indemnité d'assurance mobilière? De plus, il peut arriver que la maison louée soit entre les mains d'un sous-locataire. Or l'on sait que le propriétaire a un privilège sur les meubles apportés par le sous-locataire, jusqu'à concurrence toutefois du prix du sous-bail dont celui-ci peut être encore débiteur (2).

Le sous-locataire peut, comme un locataire ordinaire, s'assurer contre ce privilège, il peut assurer son mobilier. Faut-il admettre que le propriétaire pourra, en vertu de l'article 3 de la loi de 1889, exercer son privilège sur cette autre indemnité d'assurance mobilière?

D'un autre côté enfin, le locataire est responsable envers son propriétaire, toujours dans une plus large mesure que la compagnie qui a assuré le risque locatif.

En effet, vis-à-vis du locataire, l'assureur n'est tenu de réparer que le préjudice résultant des conséquences im-

---

(1) Sénat, séance du 2 février 1889.
(2) Arg. art. 820, *C. de proc.*, et 1753, *C. civ.*

médiates du sinistre (à moins bien entendu qu'il n'existe une clause contraire dans la police). Ainsi, il est tenu de payer à l'assuré la valeur de l'immeuble détruit, comme aussi de lui rembourser diverses dépenses, notamment celles qu'il a faites, pour le sauvetage, pour l'abatage de la maison incendiée, en vue d'arrêter et de limiter le feu, etc... mais l'assureur n'est pas tenu, par exemple, du préjudice résultant de la reconstruction de l'immeuble, soit de la résiliation des baux que le sinistre a rompus, etc...

Au contraire, entre le locataire et le propriétaire, il n'en est plus de même. Le locataire est en effet responsable, même des conséquences médiates du sinistre; il devra donc toujours une indemnité plus forte que son assureur. Or, en admettant que le propriétaire ait un privilège sur l'indemnité due par l'assureur des risques locatifs, ce privilège devra-t-il être étendu au surplus d'indemnité que peut devoir le locataire ; devra-t-il être étendu également à l'indemnité qui peut être due par suite de l'incendie du mobilier du locataire ou même d'un sous-preneur ? Telle est la question.

On admet aujourd'hui d'une façon à peu près générale que le propriétaire a un privilège sur ces trois catégories d'indemnités. Mais sur quoi fonde-t-on ces privilèges? Deux opinions sont en présence, et quoique l'intérêt que présente cette question, soit surtout théorique, je crois qu'il est utile de la dégager.

Un premier système, consacré d'ailleurs plusieurs fois

par la jurisprudence, fait asseoir ces trois privilèges uniquement sur le § 2 de l'article 3.

En effet, dit-on d'abord, la loi décide que le locataire ne
peut toucher « tout ou partie de l'indemnité, sans que... » ;
or cette expression *tout ou partie* ne s'applique pas uniquement à l'indemnité d'assurances des risques locatifs ;
elle doit comprendre en outre les autres indemnités qui
peuvent être dues par suite du louage et notamment l'indemnité due pour assurance du mobilier ; et, à l'appui de
cette prétention, on dit : l'indemnité des risques locatifs
n'est jamais que le minimum de ce qui peut être dû au
propriétaire, puisqu'elle ne représente que les dommages
matériels. Elle ne peut donc être touchée qu'en totalité,
soit, à titre de remboursement par le locataire qui aurait
complètement désintéressé le propriétaire de ses deniers
personnels, soit par le propriétaire lui-même sur une délégation du locataire. L'indemnité du risque locatif n'est donc
jamais due en partie ; l'expression « *tout ou partie* »
doit donc comprendre également d'autres catégories d'indemnités.

Et l'on ajoute un autre argument, qui est d'ailleurs le
principal : le locataire (ou le voisin) ne peut rien toucher
tant que le propriétaire n'a pas été désintéressé des conséquences du sinistre. Or le propriétaire ne sera desinté-
ressé que lorsqu'il aura touché tout ce à quoi il a droit,
c'est-à-dire lorsqu'il aura été désintéressé de toutes les
conséquences médiates ou immédiates du sinistre, et aussi

lorsqu'il aura obtenu l'indemnité qui lui est due par suite de l'incendie du mobilier.

Par conséquent ce propriétaire a un privilège à la fois sur les trois catégories d'indemnités et ce privilège a bien sa source dans le § 2 de l'article 3 (1).

Ce premier système est peut-être très exact mais je crois que le second est plus logique et plus rationnel (2).

Il semble bien résulter des termes mêmes employés par le législateur dans le § 2, qu'il avait seulement en vue les indemnités dues pour assurance du risque locatif ou du recours du voisin. Il ne songeait certainement pas en effet aux deux autres catégories d'indemnités, par cette raison bien simple qu'il les avait déjà prévues dans l'article 2 et dans l'article 3 § 1.

L'article 2102 du Code civil accorde au bailleur un privilège sur le mobilier garnissant les lieux loués ou sous-loués ; le bailleur est donc créancier privilégié du locataire. Si, celui-ci ayant assuré son mobilier, un incendie survient et détruit le mobilier, l'article 2 de la loi de 1889 décide que l'indemnité due par la Compagnie d'assurances sera attribuée au créancier privilégié, par conséquent au bailleur ; c'est donc en vertu de cet article 2, que ce bailleur viendra exercer son privilège sur l'indemnité d'assurances qui est considérée par la loi de 1889, comme représentant la valeur du mobilier brûlé.

____

(1) Lyon, 25 fév. 1892, *Rec. pér. ass.*, 1892, p. 301.
(2) En ce sens, Toulouse, 26 mai 1890, *Rec. pér. ass,*, 1892, p. 68.

Sur la deuxième catégorie d'indemnité, celle qui se trouve due par suite d'assurance du risque locatif, le propriétaire a un privilège suivant l'opinion que nous avons admise. Ce privilège a certainement sa source dans l'article 3 § 2, puisque cet article a spécialement prévu cette hypothèse : « En cas d'assurance du risque locatif.... »

Reste enfin la troisième catégorie. Le locataire peut ne pas avoir assuré suffisamment son risque locatif, ou bien l'ayant assuré suffisamment, il peut être déclaré responsable de certaines causes médiates du sinistre, causes que ne garantit pas l'assurance. On admet encore d'une façon générale que sur cette indemnité, le propriétaire aura encore un privilège. Mais ce privilège où trouvera-t-il sa source, son origine? Dans le § 2 de l'article 3, répond le premier système.

N'est-il pas plus logique de dire que ce privilège a plutôt sa source dans le § 1 de ce même article 3.

En effet, ce paragraphe attribue aux créanciers privilégiés ou hypothécaires du propriétaire les indemnités qui peuvent être dues d'une façon générale par le locataire ou le voisin.

La troisième catégorie d'indemnité, celle dont nous parlons, rentre bien dans cet article, puisqu'elle envisage une indemnité qui se trouve due par le locataire ou par le voisin, en dehors de toute assurance. Or, je disais plus haut (1) que si l'attribution a lieu au profit des créanciers

(1) Vice *suprà*, p. 148.

privilégiés ou hypothécaires du propriétaire sinistré, *a fortiori* elle doit avoir lieu au profit de ce propriétaire lui-même, les créanciers ne pouvant avoir plus de droits que leur ayant cause. Par conséquent, si le privilège existe au profit des créanciers, il existe aussi au profit du propriétaire, et c'est donc bien en se fondant sur le § 1 de l'article 3, que le propriétaire est en droit de se faire payer par privilège les indemnités qui peuvent être dues personnellement par son locataire ou son voisin.

En résumé, le privilège du propriétaire porte sur tout ce qui peut être dû à l'assuré responsable, par suite de l'incendie ; ce privilège qui est assez restreint en ce sens qu'il ne s'applique qu'à deux sortes d'indemnités de responsabilité, est au contraire, à un autre point de vue, assez étendu puisqu'il porte sur trois catégories d'indemnités ayant leur fondement soit dans l'article 3 § 2 (1er système. Cour de Lyon) soit dans l'article 2 et dans l'article 3 § 1 et § 2 (2e système. Cour de Toulouse).

Dans toutes ces explications, nous avons envisagé plus particulièrement la principale et la plus fréquente assurance de responsabilité : l'assurance du risque locatif.

Il est, au contraire, à propos de l'assurance *du recours du voisin*, une question controversée, et qu'il est intéressant, je crois, de rapporter.

Voici l'hypothèse : le voisin sinistré, *Primus*, a un privilège sur l'indemnité due par le voisin responsable, *Secundus*, ou par son assurance, s'il est assuré. Mais il se peut que *Secundus* ait eu également sa propre maison détruite par le même incendie et que cette maison ait été également assurée. *Primus* pourra-t-il exercer son privilège sur cette dernière indemnité d'assurance?

La question s'est présentée sous cette forme devant le tribunal de Castelnaudary (1) :

Le 13 octobre 1890 un incendie détruisait une maison appartenant à un sieur Chavard et assurée à la Compagnie la *France*. Deux immeubles contigus furent endommagés par cet incendie. Le tribunal correctionnel de Castelnaudary ayant condamné Chavard pour incendie par imprudence en vertu de l'article 458 du Code pénal, et la responsabilité de celui-ci envers ses voisins demeurant établie, l'un d'eux, le sieur Jalbaud, obtint un jugement en date du 31 juillet 1891 qui condamnait la Compagnie la *France*, laquelle assurait également Chavard pour le recours des voisins à concurrence de 3.000 francs, à lui payer la somme de 2.964 fr. 10. Le même jugement fixait à 2.614 fr. 87 l'indemnité due au sieur Chavard par la Compagnie la *France* pour les dommages causés à son immeuble. Le jour même de ce jugement, Chavard cédait au sieur Boch, dont la bonne foi est restée hors de doute, la créance de 2.614 fr. 87 que le dit jugement venait de lui reconnaître.

L'autre voisin, un sieur Calmette, était assuré à la Compagnie le *Soleil*. Cette Compagnie, subrogée aux

_____

(1) Trib. Castelnaudary, 30 décembre 1891. *Rec. p. ass.*, 1892, p. 145.

droits de Calmette, fit pratiquer postérieurement au jugement intervenu entre Jalbaud (le premier voisin), Chavard (le responsable) et la Compagnie la *France*, une saisie-arrêt entre les mains de cette Compagnie, non pas pour venir en concours sur la somme de 3.000 francs assurée par la police pour le recours des voisins, cette somme ayant été allouée à Jalbaud par un jugement précédent, mais pour se faire attribuer, nonobstant la cession qui en avait été consentie au sieur Boch, la somme de 2.614 fr. 87 représentant l'indemnité du sinistre dont Chavard avait personnellement souffert et que la Compagnie la *France* n'avait pas encore payée.

Devait-on déclarer cette saisie-arrêt valable ? Devait-on admettre que Calmette, le voisin sinistré, pouvait exercer son droit de préférence à l'encontre du cessionnaire, M. Boch ?

Le tribunal de Castelnaudary a décidé que non.

« Attendu que cette cession n'est pas attaquée en vertu
« de l'article 1167 du Code civil, que le *Soleil* se borne à
« soutenir qu'elle ne peut produire aucun effet étant don-
« nées les dispositions de l'article 3 § 2 de la loi du 19
« février 1889 qui ont créé, dit-il, une sorte de privilège
« au profit du voisin de l'assuré.

« Attendu que le système soutenu par le *Soleil* repose
« sur une confusion qu'il est facile de détruire ; que l'ar-
« ticle 3 § 2 de la loi précitée n'a accordé au voisin un
« droit de préférence vis-à-vis de l'assuré principal, que
« sur l'indemnité stipulée dans la police « relativement

« au recours des voisins », et n'accorde nullement au
« voisin un droit de préférence sur le montant de l'in-
« demnité due à l'assuré principal, à raison du sinistre
« dont ce dernier a personnellement souffert, etc., etc... »

Le tribunal de Castelnaudary a-t-il bien jugé?

Je ne le crois pas et cela pour deux raisons.

D'abord parce que le § 2 de l'article 3 a une portée très
étendue. Le législateur a voulu que les droits du bailleur
et du voisin fussent sauvegardés de la façon la plus
large. Cela ressort certainement de l'esprit et du texte de
la loi : « L'assuré ne peut toucher *tout ou partie* de
l'indemnité. » Or si on avait permis dans l'espèce au
sieur Chavard ou plutôt à son cessionnaire, le sieur
Boch, de toucher l'indemnité due par la Compagnie la
France par suite de l'incendie de la maison de Chavard,
on leur aurait permis de toucher *une partie* de l'indemnité, avant que le voisin ou le tiers subrogé n'eussent été
désintéressés des conséquences du sinistre. Or, dans
l'espèce, le voisin (M. Calmette) ou plutôt son assureur
subrogé (la Compagnie le *Soleil*), n'avaient pas encore
été complètement désintéressés des conséquences du
sinistre. Donc, M. Chavard, le responsable et ses ayants
cause ne pouvaient toucher aucune indemnité.

Et voici la seconde raison. L'article 2 de la loi nouvelle
attribue de plein droit l'indemnité d'assurance aux créanciers privilégiés ou hypothécaires de l'assuré et il résulte
de l'article 4 de cette même loi que les cessions qui ont
pu être consenties par l'assuré, ne sont pas opposables

aux créanciers de celui-ci. Or, dans notre espèce, M. Calmette, le voisin sinistré, est créancier privilégié de M. Chavard, responsable assuré, et son privilège lui est reconnu par le § 2 de l'article 3 ; d'un autre côté, l'indemnité due par la Compagnie la *France* à M. Chavard par suite de l'incendie de sa maison est attribuée de plein droit, par l'effet de l'article 2, nonobstant les cessions qui ont pu être consenties, aux créanciers hypothécaires et privilégiés de l'assuré ; elle est attribuée par conséquent à M. Calmette qui est créancier privilégié, par préférence au cessionnaire, c'est-à-dire à M. Boch.

Par où l'on voit que, pour le voisin comme pour le locataire, le privilège de la victime du sinistre peut porter sur des indemnités autres que celles qui sont dues par suite de l'assurance du risque locatif ou du recours du voisin (hyp. de l'art. 3 § 2), mais que ces autres indemnités découlent toutes des principes contenus dans les autres articles et sont toutes implicitement prévues par la loi du 19 février 1889.

D. — AU PROFIT DE QUI LE PRIVILÈGE EXISTE

La loi dit : Au profit « du propriétaire, du voisin ou du tiers subrogé à leurs droits ».

Aucune difficulté ne peut s'élever sur les deux premiers. Le propriétaire du locataire responsable, le voisin du voisin responsable auront, d'après l'opinion que nous avons admise, un privilège sur l'indemnité due par la Compagnie d'assurances.

Mais qu'entend-on par *tiers subrogé ?*

C'est d'abord et principalement l'assureur, du propriétaire ou du voisin victimes du sinistre. Ce premier point n'est pas douteux et n'est pas controversé. En effet, lorsqu'un individu contracte une assurance, il s'engage toujours par une clause spéciale de la police à subroger son assureur dans ses droits contre les tiers responsables. Cet assureur est évidemment un tiers subrogé au sens de l'article 3, il viendra au même titre que son ayant cause sur l'indemnité due par l'assureur du responsable, et se fera payer par préférence aux créanciers du locataire ou du voisin.

Mais cette expression « tiers subrogé » ne doit-elle pas aussi comprendre une autre catégorie de personnes, ne doit-elle pas comprendre les créanciers privilégiés ou hypothécaires du propriétaire ou du voisin sinistrés? La question est controversée, mais l'affirmative semble bien résulter de l'esprit de la loi de 1889. Le § 2 de l'article 3 met le tiers subrogé aux droits du propriétaire, sur la même ligne que ce propriétaire. Or, dans les articles 2 et 3 § 1, l'intention du législateur a été de subroger les créanciers privilégiés ou hypothécaires dans tous les droits que peut avoir leur débiteur, sur toutes les indemnités qui peuvent lui être dues à raison d'un sinistre survenu à l'immeuble grevé. L'article 2 autorise ces créanciers à exercer leurs droits sur toute indemnité due

« par suite d'assurances » ; d'un autre côté, l'article 3 § 1
attribue aux créanciers privilégiés ou hypothécaires toutes
les indemnités qui peuvent être dues par le locataire ou
par le voisin responsables. Il semble donc conforme à
l'esprit du législateur de décider que l'expression « tiers
subrogé » doit comprendre les créanciers privilégiés ou hypothécaires du propriétaire sinistré, puisque la loi décide, dans
les articles 2 et 3 § 1, que ces créanciers seront subrogés
dans les droits de ce propriétaire, sur toutes les indemnités qui peuvent lui être dues par suite d'assurances ou
autrement.

Par conséquent, l'assureur du locataire ne peut pas
valablement payer l'indemnité des risques locatifs, entre
les mains du locataire ou de ses ayants cause, parce qu'il
est averti par l'article 3 § 2 que le propriétaire a un privilège sur cette indemnité ; mais de plus, cet assureur est
averti par l'article 2, que les indemnités dues par suite
d'assurances sont attribuées aux créanciers privilégiés ou
hypothécaires ; or, si le propriétaire est, nous l'avons vu,
considéré comme ayant un privilège sur l'indemnité d'assurance des risques locatifs, sur cette indemnité, il
se trouve encore primé par ses propres créanciers privilégiés ou hypothécaires qui sont subrogés dans ses droits.
De telle sorte que, si l'assureur des risques locatifs a reçu
des oppositions de la part des créanciers hypothécaires du
propriétaire, il ne pourra valablement payer l'indemnité
entre les mains de celui-ci, car les créanciers seraient en
droit de lui opposer l'article 2 de la loi de 1889 ; au

contraire, si, étant de bonne foi et n'ayant pas reçu d'opposition, cet assureur paye l'indemnité entre les mains du propriétaire, ce payement sera valable, car « les payements faits de bonne foi avant opposition sont valables ».

En définitive et en résumé, l'indemnité doit revenir à ceux qui subissent les conséquences du sinistre ; or quand un immeuble est détruit, la perte peut être plus grande pour le créancier hypothécaire que pour le propriétaire lui-même, car si celui-ci est insolvable, il reçoit de son créancier, du moins en partie, la valeur de l'immeuble, puisque l'hypothèque se trouve éteinte par suite de la destruction de la chose ; et si l'on permet à ce propriétaire de toucher l'indemnité des risques locatifs au détriment de son créancier hypothécaire, on lui permet par là même de s'enrichir injustement aux dépens d'autrui, aux dépens de son créancier.

Par conséquent, aussi bien au point de vue de l'équité qu'au point de vue de l'interprétation de la loi de 1889 l'expression « tiers subrogé » doit comprendre outre l'assureur subrogé, les créanciers privilégiés ou hypothécaires du propriétaire.

Mais il arrive fréquemment qu'un conflit s'élève entre tiers subrogés, entre l'assureur du propriétaire qui est subrogé dans les droits du propriétaire et les créanciers hypothécaires de celui-ci subrogés dans ses droits par les articles 2 et 3 §1.

Qui l'emportera dans ce conflit ?

La question qui se pose ici est semblable à celle qui se

posait à propos de l'étude de l'article 3 § 1 où nous trou-
vions également ce même conflit, et elle doit être tranchée
de la même façon.

C'est l'assureur subrogé, nous l'avons vu (1), qui doit
passer avant tous autres, car il est lui-même subrogé aux
créanciers privilégiés ou hypothécaires jusqu'à concurrence de ce qu'il a payé.

D'ailleurs ces créanciers ne peuvent pas se plaindre,
car si on leur accordait le droit de passer avant tous
autres, de se faire payer par préférence et l'indemnité due
par suite d'assurance directe, et l'indemnité due par suite
de responsabilité, on leur permettrait de s'enrichir doublement et injustement.

Certains auteurs (2) ont cependant refusé aux créanciers privilégiés ou hypothécaires du sinistré, le droit
d'exercer leur droit de préférence sur l'indemnité due par
l'assureur du responsable. En effet, disent-ils, ce qui fait
dans ces deux hypothèses l'objet de l'assurance, ce n'est
pas une chose matérielle, un corps certain, sur lequel peut
porter un privilège ou une hypothèque, mais un fait moral,
une responsabilité, et il ne peut être question ici de droit
de préférence des créanciers privilégiés ou hypothécaires.

Mais l'objection ne porte pas, car elle pourrait être faite
aussi bien contre le § 1 de ce même article 3. Ce § 1 attribue formellement aux créanciers privilégiés ou hypothé-

______

(1) V. *suprà*, p. 121.
(2) Escorbiac, *op. cit.*, p. 416.

caires de l'immeuble assuré, l'indemnité due par le locataire ou le voisin par application des articles 1733 et 1382 du Code civil. Or cette indemnité ne représente pas non plus une chose matérielle, un corps certain, elle représente la part de responsabilité que peut avoir le locataire ou le voisin dans le sinistre, et pourtant elle n'en est pas moins substituée à l'immeuble et attribuée aux créanciers. On ne verrait donc pas pourquoi l'indemnité due par l'assureur du locataire ou du voisin ne serait pas substituée à l'immeuble aussi bien vis-à-vis des créanciers privilégiés ou hypothécaires du propriétaire, que vis-à-vis de ce propriétaire lui-même.

II. — Deuxième question. Action directe.

Le propriétaire, le voisin ou le tiers subrogé à leurs droits ont donc un privilège sur l'indemnité due par la Compagnie qui a assuré le locataire ou le voisin responsables.

Mais quels sont les effets de ce privilège ?

Le propriétaire, le voisin, etc... pourront-ils poursuivre l'indemnité en quelque main qu'elle se trouve, pourront-ils actionner directement l'assureur du locataire ou du voisin, devra-t-on au contraire leur refuser cette action directe ?

La question est très controversée.

Précisons bien d'abord l'hypothèse ; nous supposons que la maison d'un propriétaire a été incendiée par la faute d'un locataire assuré et que ce locataire a été déclaré responsable. Le propriétaire veut obtenir l'indemnité à laquelle il a droit et aucun arrangement amiable n'a pu avoir lieu.

On conçoit qu'il puisse intenter trois sortes d'actions : une action contre son locataire.

Une action contre l'assureur du locataire en vertu de l'article 1166 du Code civil ;

Une action directe contre ce même assureur en vertu du privilège qui lui est accordé par l'article 3 § 2 de la loi de 1889.

a) Le propriétaire sinistré peut d'abord exercer contre le locataire ou le voisin responsables, l'action qui dérive soit de l'article 1733, soit de l'article 1382 du Code civil. Il obtiendra, au moyen de cette action, le remboursement de tout le préjudice qu'il a éprouvé. Il sera par conséquent désintéressé par le tiers responsable des causes immédiates ou médiates du sinistre ; par exemple, le propriétaire a subi certains dommages résultant d'un changement d'alignement, d'une résiliation de baux, d'une perte de loyers, etc..., il a le droit d'en demander réparation.

Mais, d'après notre hypothèse, le locataire ou le voisin sont assurés ; étant actionnés par la victime du sinistre, peuvent-ils appeler en garantie leur assureur et le forcer à intervenir dans l'instance, en vertu de l'article 181 du Code de procédure civile ? On décide généralement que non : j'étudierai d'ailleurs cette question un peu plus loin, car l'opinion que j'adopterai dépend de la solution d'une autre question.

b) Le sinistré peut aussi agir contre l'assureur au nom du locataire ou du voisin responsables (art. 1166 C. civ.). De cette façon, il pourra forcer l'assureur à payer au tiers responsable l'indemnité d'assurance et sur cette indemnité, il pourra ensuite se faire payer par préférence aux autres créanciers (art. 3 § 2).

c) *Théorie de l'action directe.* — Mais le propriétaire, le voisin, peuvent-ils agir directement contre l'assureur du responsable ? peuvent-ils exiger, sans que ce dernier intervienne dans l'instance, l'indemnité due par la Compagnie qui a assuré le risque locatif ou de voisinage ?

La question est très controversée et la jurisprudence très divisée (1).

Si l'on invoque tout d'abord les arguments de raison et d'équité, on adoptera certainement l'affirmative.

N'est-il pas juste, n'est-il pas raisonnable, que, lors-

____

(1) Pour ne citer que les principales et les plus récentes décisions : Nancy, 13 mars 1893 ; Bordeaux, 1er mai 1895 ; Trib. de Toulouse, 12 juillet 1894 ; Seine, 2 juillet 1895 ; T. de Bordeaux, 6 mai 1877 ; Rennes, 6 déc. 1897 ; en faveur de l'action directe.

Contra, T. Villefranche, 19 mai 1893 ; T. Châteauroux, 5 mars 1895 ; T. Grenoble, 23 mars 1895 ; Seine, 4 mars 1896 ; Cassat. 5 décembre 1899 *Gaz. Trib.*, n° 2, févr. 1900 (V. *Rec. per. ass...*, années 1892 à 1899).

qu'un sinistre s'est produit, le propriétaire sinistré puisse réclamer directement l'indemnité à celui qui a promis de la payer au cas où ce sinistre se produirait?

Cette solution n'est-elle pas aussi la plus simple? L'assureur sera toujours forcé de payer, peu doit lui importer celui entre les mains duquel il devra effectuer son payement.

A quoi bon exiger un double versement, versement de l'assureur entre les mains du responsable, versement du responsable entre les mains du sinistré?

Mais, au point de vue juridique, la question est beaucoup plus délicate.

Le principal argument sur lequel se basent ceux qui prétendent, que le propriétaire ou le voisin n'ont pas d'action directe contre le tiers responsable, est celui-ci : un individu ne peut avoir d'action contre une autre personne que si un rapport juridique est antérieurement intervenu entre eux, rapport juridique quelconque, il est vrai, mais créant néanmoins un lien de droit entre les parties.

Or, dans notre hypothèse, au cas d'assurance du risque locatif, par exemple, le contrat qui intervient entre l'assureur et le locataire, n'intervient qu'entre eux, et n'intéresse qu'eux seuls; le propriétaire y est complètement étranger. Par suite, si le sinistre se produit, le locataire peut bien exercer son action contre son assureur et lui réclamer le montant de l'indemnité, mais si c'est le propriétaire qui intente l'action en son nom personnel, qui réclame directement la somme qui peut être due au locataire, l'assureur est en droit de lui dire : Je n'ai pas traité avec vous, je ne vous connais pas ; tout ce que la loi exige de moi, c'est que je ne me dessaisisse pas de l'indemnité revenant à mon assuré, tant que ce dernier ne m'aura pas justifié qu'il vous a désintéressé ; mais vous ne pouvez pas me forcer à vous payer ; à votre égard le contrat qui s'est passé entre votre locataire et moi est *res inter alios acta.*

C'est cette solution qu'avaient adoptée un assez grand nombre de tribunaux.

« Attendu que le locataire, en s'assurant contre la res-
« ponsabilité de l'incendie a contracté en son propre nom
« et dans son intérêt exclusif ».

« Attendu que si la loi de 1889, avait voulu conférer
« au bailleur, en vertu d'un contrat auquel il n'a pas été
« partie, un droit propre et une action directe contre
« l'assureur de son locataire, et ainsi créer un nouveau
« rapport juridique exorbitant de droit commun, elle
« n'eût pas omis de s'en expliquer formellement ; qu'elle
« ne l'a pas fait ; qu'au contraire l'ensemble de ses dis-
« positions implique le maintien des obligations réci-
« proques résultant de l'assurance, entre les parties qui
« l'ont contractée..., etc. » (1).

Jusqu'à la fin de l'année dernière, la Cour suprême n'avait pas encore tranché la question ; enfin, par un

____

(1) Seine, 4 mars 1896, *Rec. pér.*, 1896, p. 352.

arrêt en date du 5 décembre 1899, elle est venue consacrer cette dernière jurisprudence, et refuser à la victime du sinistre une action directe contre le responsable (1).

« Attendu qu'il n'existe *aucun lien de droit* entre la « partie lésée par un incendie et la Compagnie à laquelle « est assuré, contre le recours du voisin, l'auteur du « sinistre ; que, par suite, cette Compagnie ne peut être « *directement* assignée, par le sinistré, en même temps « que l'assuré, devant le tribunal du domicile de ce der- « nier, en réparation du préjudice causé ; qu'en décidant « le contraire, l'arrêt attaqué a violé le texte de la loi de « 1889, etc.... »

Mais je me demande si cette décision fera loi et si certaines Cours et certains tribunaux ne continueront pas à accorder au propriétaire victime du sinistre une action directe contre le tiers responsable.

C'est qu'en effet, en dehors des raisons d'équité et de bon sens, de sérieux arguments juridiques viennent militer en faveur de cette dernière solution.

Deux de ces arguments, qui ont été pourtant consacrés par la jurisprudence, doivent cependant être laissés de côté.

Le premier consisterait à dire que le locataire, quand il a stipulé dans son contrat d'assurance des risques locatifs, qu'une certaine somme lui serait versée en cas de sinistre, a bien stipulé en son nom personnel, mais comme *negotio-*

______

(1) *Gaz. des Trib.*, n° du 2 février 1900.

rum gestor du propriétaire. Un lien de droit, le lien de la gestion d'affaires existerait donc entre le propriétaire et l'assureur, et celui-ci ne pourrait plus repousser par une exception l'action intentée contre lui par le propriétaire sinistré (1).

Mais où verrait-on que le locataire a stipulé comme *negotiorum gestor* de son propriétaire ? Comme le disait M. Demangeat dans son rapport sur une affaire Boulard : « Du moment qu'une personne figure dans un « contrat sans exprimer qu'elle entend y représenter un « tiers, on la considère naturellement comme agissant en « son propre nom et non en qualité de *negotiorum ges-* « *tor.* »

Un autre arrêt (2) admet aussi l'action directe, mais il dit que cette action ne peut avoir sa base que dans le

______

(1) Affaire Boulard, Cass., 2 mai 1881. D. P., 1881, 1, 402.

A la suite d'un arrêt de la cour de Paris du 1er août 1879, infirmant un jugement du tribunal civil de la Seine du 24 février 1877, la femme Boulard s'était pourvue en Cassation, soutenant cette thèse de la gestion d'affaires (le montant de deux assurances sur la vie devait-il tomber dans l'actif de la faillite Boulard, ou être attribué en propre à la femme Boulard); conformément aux conclusions de M. Demangeat, rapporteur, la C. de cassation rejeta le pourvoi. »

(2) Paris, 16 juillet 1897. *Rec. pér. ass.*, 1897, p. 399.

« Considérant qu'en admettant que la loi du 19 février 1889 accorde au propriétaire une action directe pour réclamer de l'assureur du locataire l'indemnité du risque locatif, cette action ne peut avoir sa base que dans le contrat d'assurance passé entre le locataire et l'assureur ; qu'elle naît de ce contrat et se trouve par suite soumise à toutes les conditions et exceptions établies par ledit contrat. »

contrat d'assurance passé entre le locataire et son assureur ; cette action naîtrait donc du contrat lui-même et se trouverait par suite soumise à toutes les conditions et exceptions établies par ledit contrat.

Mais comment une action née d'un contrat peut-elle être accordée à une personne qui n'est jamais intervenue à ce contrat ; ce n'est certainement pas dans le contrat passé entre le locataire et son assureur, que le propriétaire peut puiser son action directe, puisqu'il est resté étranger à ce contrat et qu'à son égard c'est *res inter alios acta*. Le contrat ne peut avoir d'effet qu'entre les parties contractantes (art. 1165 C. civ.) et le propriétaire n'a jamais contracté.

Mais, tout en repoussant ces deux arguments, doit-on néanmoins condamner la doctrine qui admet une action directe au profit du propriétaire? Je ne le crois pas, et malgré le récent arrêt de Cassation, je serais tout disposé à admettre cette théorie. Ce qu'il faut trouver, c'est un lien de droit entre le sinistré et l'assureur du responsable ; or il me semble que ce lien de droit existe aujourd'hui.

On est d'accord pour reconnaître, et la jurisprudence le décide d'une façon unanime, que le § 2 de l'article 3 de la loi de 1889, a créé au profit du propriétaire, un privilège sur l'indemnité qui peut être due au locataire par l'assureur des risques locatifs (ou au voisin par l'assureur du risque de voisinage). Ce privilège est, pour ainsi dire, conditionnel; il faut pour qu'il puisse s'exercer, qu'un sinistre se produise; mais dès qu'un incendie est survenu et dès que le locataire est déclaré responsable, par le seul effet de la loi, l'indemnité due par l'assurance des risques locatifs est attribuée par privilège au propriétaire sinistré.

Or qu'est-ce qu'un privilège? Le privilège est avant tout un droit réel, c'est-à-dire portant sur la chose même, permettant au créancier de poursuivre l'objet privilégié en quelque main qu'il passe et de se faire payer sur cet objet par préférence aux autres créanciers. On reconnaît que la loi de 1889 a créé au profit du propriétaire un véritable privilège; le droit de ce créancier privilégié porte sur l'indemnité d'assurance qui est substituée par la loi à la chose détruite; le propriétaire doit donc par suite de son privilège poursuivre l'indemnité entre les mains de tout tiers détenteur et comme c'est la Compagnie d'assurances qui détient cette indemnité, c'est contre elle qu'il ira tout d'abord exercer son droit, son action réelle.

On peut encore invoquer en faveur de l'action directe un argument d'analogie. Le législateur, nous l'avons vu, a voulu dans l'article 3 § 2 établir une application des principes qu'il avait déjà posés dans l'article 2 et dans l'article 3 § 1.

Dans l'article 2, il décide que les indemnités dues par suite d'assurances sont attribuées de plein droit aux créanciers privilégiés ou hypothécaires de l'assuré. Or on est d'accord pour décider que, en vertu de cet article 2, les créanciers qui conservent leur privilège ou leur hypothèque sur l'indemnité d'assurance ont une action directe contre l'assureur, débiteur de l'indemnité.

De même pour l'article 3 § 1 : les créanciers privilégiés ou hypothécaires du sinistré ont une action directe contre le responsable (1).

Le § 2 de ce même article édicte que le propriétaire est créancier privilégié du locataire assuré ; en vertu de l'article 2 les indemnités d'assurances sont attribuées aux créanciers privilégiés ou hypothécaires ; l'indemnité due par l'assureur des risques locatifs est donc attribuée aux créanciers privilégiés ou hypothécaires, c'est-à-dire au propriétaire sinistré. Or l'article 2 accorde certainement aux créanciers une action directe. Pourquoi l'article 3 § 2 la leur refuserait-il ?

Il me semble même qu'il y a moins d'inconvénients à accorder une action directe au propriétaire qui réclame l'indemnité d'assurance des risques locatifs (art. 3 § 2) qu'au créancier hypothécaire ordinaire qui réclame le montant d'une indemnité d'assurance (art. 2).

En effet la situation de l'assureur est beaucoup plus dangereuse s'il a à répondre à l'action d'un créancier hypothécaire dont la créance ne peut être discutée par lui, dont il ne connaît que l'existence et non les origines, que s'il a affaire à un propriétaire qui lui réclame le montant de l'assurance des risques locatifs, en vertu de l'article 3 de la loi de 1889. Peut-être l'action hypothécaire n'est-elle plus valable par suite de l'extinction de l'hypothèque. Ne

____

(1) Cette solution résulte du texte même de la loi de 1889 (art. 2 et art. 3, § 1).

peut-il pas arriver, en effet, qu'une inscription n'ait pas été radiée et que cependant la créance soit éteinte ? L'assureur direct ignore tout cela. Au cas d'assurance du risque locatif, au contraire, il n'y a aucun inconvénient à donner au propriétaire une action directe contre l'assureur des risques locatifs, puisque celui-ci est à même de discuter, aussi bien que le locataire, la validité, l'importance du recours que le propriétaire se trouve avoir par suite de l'incendie, en vertu de l'article 1733 du Code civil.

D'ailleurs l'action directe ne pourra être intentée avec succès par le propriétaire, qu'autant que la Compagnie garantissant les risques locatifs se trouve débitrice du locataire et que celui-ci a satisfait aux obligations qui lui sont imposées par sa police d'assurance. De plus, le propriétaire ne peut réclamer l'indemnité prévue au contrat, que si ce contrat ne se trouve entaché d'aucune cause de nullité ou de déchéance.

Du reste, de même que l'assureur poursuivi par les créanciers hypothécaires de l'assuré peut appeler celui-ci dans l'instance, afin de discuter la validité des titres de créance, de même il faut décider aussi, que l'assureur des risques locatifs pourra faire intervenir le locataire dans l'instance, afin de préciser dans quelle mesure la Compagnie d'assurance doit être déclarée responsable.

Et si l'on objecte contre cette doctrine que le propriétaire ne peut pas avoir d'action directe parce qu'il est resté étranger au contrat passé entre le locataire et son assureur (*res inter alios acta*), ne peut-on pas répondre que

la loi de 1889 a eu précisément pour but de créer ce lien
de droit, ce rapport juridique entre le propriétaire et
l'assureur du locataire. L'assureur, en contractant avec le
locataire, ne peut pas ignorer que celui-ci a un propriétaire
et il est averti par la loi nouvelle que ce propriétaire a un
privilège sur l'indemnité d'assurances. Le lien de droit,
mais c'est tout simplement, il me semble, ce privilège. C'est
de son privilège que le propriétaire tire son droit, son
action directe; ce privilège de l'article 3 crée un rapport
juridique entre le propriétaire et l'assureur, et par conséquent celui-ci ne peut plus valablement opposer la
maxime : *res inter alios acta.*

Il me reste maintenant à étudier, brièvement d'ailleurs,
une question que j'avais réservée ; je supposais (1) que le
propriétaire intentait une action contre le locataire en
vertu de l'article 1733, et je posais cette question : le
locataire poursuivi peut-il *appeler en garantie* son assureur? On sait en effet, que, pour qu'un appel en garantie
soit valable, il faut qu'il y ait connexité entre l'action
principale (l'action du propriétaire contre le locataire) et
l'action récursoire (l'action du locataire contre son assureur). Dans notre hypothèse, y a-t-il connexité entre ces
deux actions?

Après les quelques explications que nous venons de
donner, la question est facile à résoudre. Tout dépend du

____

(1) Vide *suprà*, p. 166.

parti que l'on prend dans la controverse qui s'élève à propos de l'action directe du propriétaire.

Admet-on que le propriétaire a une action directe contre l'assureur du locataire, admet-on qu'il y a un lien de droit entre le propriétaire et cet assureur, on devra en même temps admettre qu'il y a connexité entre les deux actions intentées par le propriétaire d'une part et par le locataire d'autre part.

Refuse-t-on au contraire au propriétaire le droit d'agir directement contre l'assureur du locataire, refuse-t-on de voir un lien de droit entre cet assureur et ce propriétaire, on devra admettre qu'il n'y a pas connexité entre l'action principale et l'action incidente.

C'est cette dernière opinion qu'a consacrée la Cour de cassation dans son récent arrêt du 5 décembre 1899 (1) :

« Attendu qu'il n'y a pas connexité entre l'action en
« indemnité, intentée par la partie lésée contre l'auteur
« responsable de l'incendie et l'action dirigée par celui-ci
« contre la compagnie avec laquelle il a contracté une
« assurance, que chacune de ces actions est directe et
« principale ; qu'aucune d'elles ne saurait être considérée
« comme l'accessoire ou la dépendance de l'autre, que,
« dès lors, l'auteur de l'incendie ne peut, sur l'action
« dirigée contre lui par la victime du sinistre, mettre en
« cause la Compagnie d'assurances par voie de recours en
« garantie, etc... »

(1) Vide *suprà*, p. 170, arrêt précité, *Gaz. Trib.*, 2 fév. 1900.

Tout en m'inclinant devant cet arrêt, j'ai dit pourquoi je pencherais plutôt à admettre que le propriétaire a une action directe contre l'assureur, par conséquent à admettre également qu'il y a connexité entre l'action du propriétaire et celle du locataire, entre l'action principale et l'action recursoire.

En définitive, toute cette théorie peut se résumer en quelques mots. La loi de 1889 accorde dans le § 2 de l'article 3 un privilège au profit du propriétaire sur l'indemnité d'assurance des risques locatifs ou de voisinage; comme conséquence de ce privilège, il me semble que l'on doit admettre que le propriétaire a une action directe contre l'assureur du responsable ; et comme conséquence de cette action directe, le locataire ou le voisin actionnés par la victime du sinistre doivent pouvoir appeler en garantie leur assureur.

Maintenant, on pourra peut-être me reprocher de m'être un peu trop étendu sur ce § 2 de l'article 3, d'autant plus que cet article ne semble tout d'abord n'avoir qu'un rapport très indirect avec l'idée de subrogation qui domine toute cette thèse.

Cependant, je ne crois pas que ce reproche soit absolument fondé. Il me semble que je devais m'étendre même sur ce paragraphe, car dans cette disposition, comme dans les autres articles, le même but est poursuivi : il s'agit de la grande réforme apportée par la loi nouvelle, il s'agit de la substitution de l'indemnité d'assurance à l'objet incendié; il y a donc, à ce point de vue, dans cet article une

subrogation réelle, et l'étude de cette disposition rentrait
donc bien dans mon sujet.

Mais il y a encore d'autres raisons.

L'article 3 § 2 contient aussi comme les autres articles
une subrogation personnelle *lato sensu*. Avant la loi
de 1889, nous avons vu que le propriétaire de la maison
incendiée n'avait aucun droit de préférence sur l'indemnité due par le responsable ou par l'assureur de celui-ci ;
il était traité comme un simple créancier chirographaire,
et outre qu'il avait à subir le concours des autres créanciers chirographaires, il était encore primé par les créanciers munis de sûretés réelles.

Le § 2 de l'article 3 a eu pour but d'attribuer de la façon
la plus complète l'indemnité due par l'assureur du responsable à la victime du sinistre ou aux tiers subrogés dans
ses droits ; aucun créancier quel qu'il soit ne peut plus
en effet prétendre à cette indemnité, car il se trouve primé
par le propriétaire ; et ce propriétaire a toujours droit au
payement intégral de l'indemnité d'assurances, puisque
la somme que doit l'assureur est toujours moindre que
celle qui se trouve due par le responsable (conséquences
médiates ou immédiates). La victime du sinistre se trouve
donc subtituée à tous les créanciers du responsable ; il
passe avant tout le monde, même avant les créanciers privilégiés ou hypothécaires ; il est donc subrogé personnellement
(lato sensu) à tous ces créanciers, la subrogation personnelle
étant « toute substitution d'une personne à une autre... »

Enfin il était utile d'étudier l'article 3 § 2 pour connaître

le sens de l'expression « *tiers subrogé* » employée par
cet article.

Pour ces trois raisons, il m'a semblé que l'étude de
cette disposition était nécessaire en même temps qu'intéressante ; c'est pourquoi j'ai cru devoir y insister quelque
peu, et si les développements en ont été parfois un peu
longs et un peu abstraits, du moins m'ont-ils paru être
d'une utilité pratique assez considérable et d'un intérêt
absolument actuel.

III. — Applications pratiques.

Voilà pour la théorie. Il nous reste maintenant à voir
les applications pratiques de cette théorie, le mode de
payement de l'indemnité de responsabilité et sur ce point
je serai le plus bref possible. Envisageons quels sont les
droits et obligations de chacun :

A. — L'ASSUREUR

L'assureur ne peut, d'après l'article 3, verser le montant
de l'indemnité entre les mains de son assuré, tant que le
propriétaire n'a pas été désintéressé des conséquences du
sinistre. C'est une défense formelle qui lui est faite et si
malgré cette défense, il paye entre les mains du respon-

sable, il s'expose à être forcé de payer une seconde fois entre les mains du sinistré (*qui paye mal paye deux fois*).

En sens inverse, le responsable peut forcer l'assureur à payer entre ses mains, lorsqu'il justifie qu'il a désintéressé ou qu'il va désintéresser son propriétaire ou son voisin ; par exemple, lorsqu'il apporte une quittance de son propriétaire, ce qui suppose que le responsable poursuivi par le sinistré, lui a payé le montant de l'indemnité de responsabilité et réclame après ce désintéressement le montant de son assurance ; ou bien encore, le responsable est poursuivi par le propriétaire sinistré, il appelle amiablement ou judiciairement (1) son assureur en garantie et s'engage à désintéresser son propriétaire avec l'indemnité que va verser son assureur. De cette façon on évite un double déplacement de fonds et le responsable n'aura à payer de ses deniers personnels que le surplus d'indemnité dont il peut être encore redevable (causes médiates du sinistre).

Mais ce n'est que vis-à-vis du propriétaire ou du voisin que l'indemnité est frappée d'indisponibilité, et, l'on admet aujourd'hui, comme on l'admettait déjà avant 1889, que la Compagnie d'assurances pourra, sans aucun danger, payer amiablement le montant de l'indemnité, sans l'intervention de l'assuré, soit au sinistré, soit à l'assureur de celui-ci subrogé dans ses droits, et ce, malgré la présence d'oppositions ou de saisies antérieures formées par

____

(1) D'après l'opinion que nous avons adoptée.

d'autres créanciers du responsable. Certains tribunaux admettent même, et nous sommes également de cet avis, que ce propriétaire ou ce tiers subrogé ont une action directe contre l'assureur. L'assuré ne peut pas critiquer un pareil payement, puisque l'indemnité qu'il doit est toujours au moins égale à celle que doit l'assureur : les créanciers de l'assuré ne peuvent pas non plus se plaindre, puisqu'ils sont primés par ce propriétaire ou par ce voisin auxquels la loi de 1889 vient accorder un privilège sur l'indemnité d'assurance.

Du reste, il est encore une autre raison pour laquelle ni l'assuré ni ses créanciers ne peuvent protester contre ce payement ; ils n'ont en effet aucune action contre l'assureur tant que le responsable n'est pas poursuivi par la victime du sinistre ; l'assureur ne doit en effet garantie au responsable qu'à la condition que le propriétaire ne renonce pas à son action contre celui-ci (1). Or, ce propriétaire, en recevant le montant de l'indemnité d'assurance des risques locatifs ou de voisinage, renonce en même temps à son action contre le locataire, jusqu'à concurrence de la somme qu'il a touchée. L'assuré ni ses créanciers ne peuvent donc pas protester, ne peuvent donc plus rien réclamer à cet assureur.

(1) Paris, 10 mars 1871, précité.

B. — L'ASSURÉ

L'assuré peut être poursuivi directement par la victime du sinistre; il peut lui payer tout le montant de l'indemnité dont il est redevable, sauf à se retourner ensuite contre son assureur.

Mais il peut aussi s'arranger amiablement avec son assureur et pour éviter un trop grand déplacement de fonds, toucher le montant de l'indemnité d'assurances en justifiant qu'il va désintéresser immédiatement son propriétaire ou son voisin.

Il peut aussi, comme nous l'avons admis, si nous supposons l'assuré actionné par le sinistré, appeler en garantie son assureur.

Enfin le propriétaire peut avoir obtenu soit amiablement, soit judiciairement, le montant de l'indemnité d'assurance. Le responsable peut encore être poursuivi pour le surplus d'indemnité qui peut être encore dû, ce responsable devant compte au sinistré même des conséquences médiates de l'incendie, son assureur n'étant tenu au contraire que des conséquences immédiates.

C. — LA VICTIME DU SINISTRE

La victime du sinistre a d'abord une action contre le

responsable (art. 1733 et 1382 C. civ.); elle peut aussi exercer contre l'assureur l'action du responsable en vertu de l'article 1166 Code civil; enfin, selon une opinion qui nous paraît préférable, nous avons admis que le propriétaire ou le voisin avaient contre l'assureur une action directe, ayant sa source dans le privilège qui lui est conféré par la loi de 1889.

Mais différentes hypothèses peuvent se présenter :

1º Le sinistré est garanti intégralement, et c'est son assureur subrogé dans ses droits, qui a seul un recours à exercer contre le locataire ou le voisin;

2º Le sinistré n'étant pas assuré du tout, exerce lui-même son recours contre le responsable;

3º Le sinistré étant assuré insuffisamment, a un recours à exercer pour son découvert contre le responsable et son assureur en a un également de son côté, pour l'indemnité partielle qui lui a été payée.

Pour le développement et l'étude de ces trois hypothèses, je renvoie simplement au très intéressant travail de M. Oudiette (1).

§ 3. — Article 4.

« Les dispositions de l'article 2, ne préjudicieront pas
« aux droits des intéressés, dans le cas où l'indemnité

____

(1) *Moniteur des assur..* nº du 15 avril 1889, p. 143.

« aurait fait l'objet d'une cession éventuelle à un tiers,
« par acte ayant date certaine, au jour où la présente loi
« sera exécutoire, à la condition toutefois que le transport,
« s'il n'a pas été notifié antérieurement, en conformité de
« l'article 1690 du Code civil, le soit au plus tard dans le
« mois qui suivra. »

Cet article ne nous intéresse que médiocrement ; il n'a
d'ailleurs aucun intérêt théorique ; c'est une disposition
purement transitoire et qui n'a plus guère d'utilité aujourd'hui ; aussi n'ai-je point l'intention de m'y arrêter
longuement.

L'article 2, s'il eût été pleinement exécutoire dès sa
promulgation, aurait préjudicié à de nombreux intéressés
devenus sous l'ancienne loi cessionnaires de l'indemnité
d'assurance et qui n'auraient pas encore notifié leur
cession.

En vertu du seul article 2, les créanciers privilégiés
ou hypothécaires du sinistré, auraient pu, dès le jour de
la promulgation de la loi, jouir du bénéfice de l'attribution
au détriment de ces cessionnaires. L'article 4 décide
que le cessionnaire qui notifie la cession qui lui a été
consentie antérieurement, dans un délai de grâce, le mois
qui suit la promulgation de la loi, en conservera le bénéfice à l'encontre des créanciers nouvellement attribués.
Mais seul le cessionnaire dont la cession a date certaine
avant la promulgation de la loi nouvelle, jouira de ce bénéfice et de ce délai de grâce ; sans quoi de nombreuses
collusions auraient pu être à craindre.

SECONDE PARTIE

DE LA SUBROGATION CONVENTIONNELLE EN MATIÈRE D'ASSURANCES CONTRE L'INCENDIE

PRÉLIMINAIRES

Dans notre première partie, nous avons envisagé le seul cas, très important du reste, où l'on rencontre dans notre législation, un exemple de subrogation légale en matière d'assurance contre l'incendie. Nous avons vu quel long espace de temps il avait fallu à nos législateurs pour élaborer un projet de loi pourtant si simple et si logique ; nous avons vu l'importance considérable qu'avait prise la loi nouvelle dès le jour de sa promulgation ; nous avons examiné les imperfections que cette loi contenait ; nous avons enfin étudié les graves controverses que soulevaient ces imperfections.

Nous arrivons maintenant à la seconde partie de cette étude : à la subrogation conventionnelle en matière d'assurances contre l'incendie.

Mais pour bien poser notre hypothèse et au risque même de nous répéter un peu, il nous faut revenir en arrière et nous reporter aux principes généraux en matière de subrogation (1).

La subrogation conventionnelle, c'est, dans son sens le plus large, la substitution, le remplacement d'une personne par une autre personne ou d'une chose par une autre chose, substitution, remplacement opéré au moyen d'une convention. Cette subrogation conventionnelle peut être soit réelle, soit personnelle.

Par exemple, vous devant une barrique de vin, je conviens avec vous que je vous devrai à la place une somme de 300 francs ; la somme de 300 francs se trouve subrogée réellement et conventionnellement à la barrique de vin.

Ou bien Primus convient avec Secundus qu'il lui cédera sa créance contre Tertius moyennant tel prix ; Secundus est subrogé personnellement et conventionnellement dans les droits de Primus contre Tertius.

Mais nous avons vu aussi que le mot : subrogation conventionnelle était plus souvent pris dans un sens restreint, *stricto sensu*, et qu'il s'appliquait alors à une opération toute particulière.

La subrogation conventionnelle, c'est en effet, en se servant de la définition de MM. Aubry et Rau, « une fiction « juridique en vertu de laquelle une subrogation éteinte « au moyen du payement effectué par un tiers ou par le

____

(1) Vide *suprà*. Introduction, ch. II.

« débiteur avec les deniers qu'un tiers lui a fournis à cet
« effet (art. 1250), est regardée comme continuant de
« subsister au profit de ce tiers, qui est autorisé à faire
« valoir dans la mesure de ce qu'il a déboursé, les droits
« et actions de l'ancien créancier » (1).

Or si nous appliquons ces deux définitions de la subrogation conventionnelle *lato* et *stricto sensu* aux assurances contre l'incendie, nous en trouvons deux applications
et précisément dans l'un de ces deux cas, le mot subrogation est pris dans son sens large, dans l'autre, dans son
sens strict.

D'ailleurs, maintes fois, dans le cours de notre première
partie, nous avons eu à parler, soit de l'une, soit de l'autre de ces subrogations, et je ne ferai, dans cette seconde
partie, que développer et expliquer des principes qui nous
sont déjà connus.

Antérieurement à la loi de 1889, nous avons vu que les
propriétaires assurés consentaient toujours, une cession ou
une délégation de l'indemnité d'assurance, au profit de
leurs créanciers privilégiés ou hypothécaires. Or nous
savons que dans la cession et dans la délégation, il y a une
subrogation personnelle *lato sensu* ; c'est là le premier
cas de subrogation conventionnelle que nous rencontrons
en matière d'assurances contre l'incendie ; cette cession,
cette délégation peuvent d'ailleurs être encore valablement

(1) Aubry et Rau. 3-6324, p. 117.

consenties aujourd'hui et nous verrons quelle peut être leur utilité.

Le second cas de subrogation conventionnelle, de beaucoup le plus important, est la subrogation de l'assureur dans les droits de l'assuré contre les tiers responsables, et nous aurons à examiner, dans ce second chapitre, quels sont au juste les effets de cette subrogation.

CHAPITRE PREMIER

Avant la nouvelle loi de 1889, l'indemnité d'assurance
n'était pas, d'après l'opinion admise d'une façon générale, substituée à la maison incendiée, de sorte que les
créanciers privilégiés ou hypothécaires de la victime du
sinistre ne conservaient pas, sur cette indemnité, le droit
de préférence qu'ils avaient sur la maison.

La loi nouvelle est venue combler cette lacune et décider que l'indemnité d'assurance serait attribuée directement aux créanciers privilégiés ou hypothécaires. Mais
l'élaboration de cette loi fut très lente, et pendant les
quarante années que dura l'étude des différents projets
proposés tour à tour, il fallut bien que ces créanciers ima-
ginassent quelque moyen détourné qui leur permit de
suppléer aux graves inconvénients de la législation en
vigueur. Et ils y suppléèrent par le moyen suivant : puisqu'ils n'étaient pas subrogés légalement dans l'indemnité
d'assurance, ils avaient imaginé de s'y faire subroger

conventionnellement au moyen d'une cession ou d'une délégation.

Tout d'abord, une simple remarque. On confond également, en cette matière, les deux opérations qui pouvaient donner lieu à cette subrogation conventionnelle. On dit que l'assuré consentait au profit de ses créanciers, une cession-délégation. Or, c'était soit une cession, soit une délégation, qui était consentie, ce qui n'est pas tout à fait la même chose (1). La cession ne suppose le concours que de deux volontés (cédant, cessionnaire), la délégation suppose le consentement de trois parties (déléguant, délégué, délégataire). La cession est soumise aux formalités de l'article 1690 du Code civil, la délégation n'a pas besoin d'être notifiée ou acceptée. Enfin, l'effet ordinaire de la délégation est de substituer un débiteur à un autre débiteur ; celui de la cession est au contraire de substituer un créancier à un autre créancier.

J'avoue que le résultat que l'on obtenait dans l'un ou l'autre cas était à peu près le même, puisque dans les deux hypothèses, l'indemnité se trouvait attribuée aux créanciers privilégiés ou hypothécaires, mais il n'en est pas moins vrai que ces deux opérations doivent être distinguées, et l'on peut aisément savoir si c'est une cession ou une délégation qui a été consentie, suivant que deux ou trois parties ont participé au contrat, ou bien suivant que ce contrat a été ou non notifié au débiteur.

(1) Vide *suprà*, p. 28.

Donc, antérieurement à 1889, il était établi, par la presque unanimité de la doctrine et de la jurisprudence, que l'action relative au payement de l'indemnité d'assurance, constituait un droit purement mobilier, tombait dans le patrimoine de l'assuré au même titre qu'un bien quelconque et devenait le gage commun de tous les créanciers.

Et voici comment les créanciers privilégiés ou hypothécaires se faisaient consentir la cession ou délégation qui leur permettait de se faire attribuer l'indemnité d'assurance : dans tous les actes de prêts hypothécaires, dans tous les actes de ventes d'immeubles, l'emprunteur ou l'acquéreur s'engageaient à faire assurer les immeubles hypothéqués ou acquis, et transportaient éventuellement l'indemnité pouvant leur être allouée, en cas de sinistre, au créancier ou au vendeur non payés ; ce transport se faisait soit au moyen d'une cession, soit au moyen d'une délégation.

Dans le premier cas, de beaucoup le plus usité, il fallait, conformément à l'article 1690 du Code civil, notifier à la Compagnie d'assurances, débitrice éventuelle de l'indemnité, la cession qui avait été faite. La signification se faisait conformément au droit commun, dans la forme ordinaire des exploits, c'est-à-dire par acte d'huissier. La Compagnie d'assurances pouvait aussi accepter la cession dans un acte authentique ; cette acceptation intervenait ordinairement dans l'acte même de constitution d'hypothèque ou dans le contrat de vente.

Par suite de ces formalités, la cession consentie devenait opposable aux tiers et lorsque le sinistre s'était produit, les créanciers privilégiés ou hypothécaires, cessionnaires de l'indemnité d'assurance, exerçaient les actions du cédant, jusqu'à concurrence du montant de leurs créances réciproques.

Si l'on procédait au moyen d'une délégation (l'assuré déléguant son débiteur, l'assureur, à son créancier hypothécaire), les formalités de l'article 1690 Code civil, n'étaient plus exigées, l'assureur figurant au contrat, connaissant et acceptant par là même la délégation. Mais, par application des principes généraux, pour que cette délégation fût opposable aux tiers, il fallait qu'elle eût été consentie soit par acte authentique, soit par acte sous seing privé ayant acquis date certaine (art. 1317 et 1328, C. civ.).

Plusieurs cessions, plusieurs délégations pouvaient alors être consenties et chaque créancier cessionnaire ou délégataire devait se conformer aux conditions exigées par la loi.

Ces clauses, comme je le disais, étaient devenues absolument de style, de telle sorte que en fait, antérieurement à la loi de 1889, les créanciers privilégiés ou hypothécaires de l'assuré, étaient parvenus à se faire payer par préférence aux autres créanciers de celui-ci.

Mais ce système avait lui-même de graves inconvénients et ce sont surtout ces inconvénients que le législateur de 1889 est venu supprimer.

D'abord il fallait que la clause de cession délégation fût formellement exprimée dans l'acte de vente ou la constitution de l'hypothèque ; elle ne pouvait être en effet sous-entendue, puisqu'elle était contraire aux principes juridiques qui gouvernaient cette matière.

De plus, elle nécessitait des formalités spéciales et coûteuses ; il fallait soit une acceptation dans un acte notarié, soit une signification par ministère d'huissier, etc...

Mais l'inconvénient le plus grave était encore celui-ci : l'ordre à suivre dans la répartition de l'indemnité n'était pas l'ordre de dates d'inscriptions des privilèges ou hypothèques, mais l'ordre de signification des transports ; c'était en effet comme cessionnaires et non pas comme créanciers hypothécaires, que ces créanciers se faisaient attribuer l'indemnité d'assurance suivant leur rang ; leurs hypothèques avaient été éteintes par suite du sinistre ; la cession au contraire, qui était soumise à la condition qu'un sinistre se produirait, devenait parfaite par le fait même de ce sinistre.

Or, il arrivait trop souvent que les cessions n'étaient pas signifiées du tout ou ne l'étaient que tardivement ; par exemple, un créancier hypothécaire préférable à tous à raison de son hypothèque, omettait de faire la signification, et ne pouvait plus se faire colloquer en rang utile sur l'indemnité ; bien plus, il arrivait souvent, qu'un débiteur assuré, consentait également une cession de son indemnité à certain de ses créanciers chirographaires. Si ce créancier se montrait diligent, il pouvait très bien

faire la signification avant d'autres créanciers hypothécaires, également cessionnaires de l'indemnité, et si l'immeuble assuré était incendié, il se faisait colloquer sur
cette indemnité par préférence à tous autres.

Mais il faut avouer que, malgré ses nombreux inconvénients, ce système avait alors le grand avantage de permettre aux créanciers privilégiés ou hypothécaires de se
faire attribuer l'indemnité d'assurance ; aussi la jurisprudence, sauf de très rares dissidences, consacrait-elle ce
système avec toutes ses conséquences.

Qu'il me suffise de citer un arrêt de la Cour de Bordeaux (1) qui décidait : « que le vendeur d'un immeuble
« créancier du prix, ne pouvait exercer son privilège sur
« l'indemnité payée par la Compagnie en cas de sinistre ;
« spécialement que, si l'acquéreur s'était engagé par le
« contrat de vente, à assurer les meubles à une Compagnie
« déterminée, et s'il avait cédé et délégué au vendeur,
« dès le jour du contrat, l'indemnité qui lui serait allouée,
« en cas d'incendie, ladite clause devenait sans effet
« lorsque l'assurance avait été consentie par une autre
« Compagnie que celle désignée dans le contrat ; que d'ail-
« leurs cette même clause ne pouvait être opposée aux

____

(1) Bordeaux 31 mars 1877, sous Cass., 8 juillet 1878. *Journ. des
ass.*, 1869 ; Adde : Trib. Seine, 28 déc. 1883. *Rec. per. ass.*, 1884, p. 631.
— Paris, 8 déc. 1879, *Gaz. des Trib.*, 13 fév. 1880. — Paris, 28 juillet 1875, D. P. 1877, 2, 116 ; Cass., 26 janv. 1873. Bonn., mars,
p. 164. — *Contrà.* Colmar, 25 août 1826. Bon., mars, 2e partie, p. 6.
— Rouen, 27 déc. 1828. D. P., 1830, 3-23.

« tiers lorsque la cession n'avait pas été signifiée au
« débiteur ».

Dans ces quelques explications, nous n'avons envisagé
qu'une seule catégorie d'indemnité : celle due au propriétaire de l'immeuble incendié par son assureur. Mais nous
savons, que la survenance d'un sinistre peut donner lieu à
plusieurs autres indemnités. La maison incendiée pouvait
être habitée par un locataire, ce locataire, s'il n'a pas pu
dégager sa responsabilité, doit, en vertu de l'article 1733,
une indemnité à son propriétaire ; d'un autre côté, le locataire peut assurer son risque locatif ou bien encore, son
mobilier ; nous savons que les créanciers du propriétaire
ne pouvaient antérieurement à 1889, prétendre à aucune
de ces indemnités ; et que le propriétaire ne pouvait pas
non plus agir contre la Compagnie qui avait assuré le risque
locatif ou le mobilier, parce que celle-ci pouvait lui opposer la règle *res inter alios acta* (1).

Mais, est-ce que, le propriétaire ou les créanciers hypothécaires ne pouvaient pas se faire consentir une cession
au moyen de laquelle ils se faisaient attribuer par
préférence l'indemnité due par le locataire ou par son
assureur ?

Rationnellement, on pouvait le concevoir : par exemple,
un locataire qui a assuré son risque locatif, pouvait valablement céder à son propriétaire, créancier privilégié
(art. 2102, 1°) son action contre son assureur, ou bien un pro-

_____

(1) V. *sup.*, p. 167 et suiv.

priétaire pouvait valablement céder à ses créanciers hypothécaires l'action qu'il pouvait éventuellement avoir contre son locataire, si celui-ci était déclaré responsable d'un incendie..

Mais pratiquement, et c'est là encore un des inconvénients du régime antérieur à 1889, ces cessions n'intervenaient presque jamais, notamment en ce qui concerne le premier cas (assurance du locataire); on trouve en effet peu d'exemples de cession consentie au profit d'un créancier nanti d'un privilège mobilier. Il s'ensuivait que ces créanciers perdaient complètement leur droit de préférence, concouraient au marc le franc avec les autres créanciers, et se faisaient primer par des créanciers peut être postérieurs en rang, mais qui avaient pu se faire attribuer au moyen d'une cession l'indemnité d'assurance.

Survint enfin la loi de 1889 ; nous savons quel a été son but ; quel est l'objet et quelle est la portée de ses dispositions ; nous savons qu'elle a supprimé les inconvénients qui résultaient pour le propriétaire et ses créanciers privilégiés ou hypothécaires, du régime antérieur.

Aussi, bien que je n'aie parlé que le plus brièvement possible, de ce régime antérieur, on pourrait peut-être me reprocher d'en avoir dit cependant ces quelques mots, ce régime n'existant plus aujourd'hui et étant dès lors sans intérêt.

Cependant l'objection n'est pas entièrement fondée ; car aujourd'hui encore, il se peut que le système de la cession ait une certaine utilité, assez minime il est vrai, mais qui demandait je crois, ces quelques explications.

Trois hypothèses principales peuvent en effet se présenter :

Supposez qu'il n'existe aucun créancier; l'assuré pourra céder utilement son droit éventuel à l'indemnité, à un tiers quelconque et cette cession aura lieu suivant les règles ordinaires exposées plus haut.

Ou bien encore il se peut qu'il n'existe que des créanciers chirographaires; or la loi de 1889 n'attribue les indemnités qu'elle prévoit qu'aux créanciers privilégiés ou hypothécaires; c'est donc le régime antérieur que l'on suivra, pour régler les rapports entre les créanciers chirographaires non cessionnaires et les créanciers chirographaires cessionnaires; ceux-ci passeront avant ceux-là.

Enfin, même s'il y a des créanciers privilégiés ou hypothécaires, des cessions amiables peuvent encore intervenir; la loi de 1889 en effet ne les déclare pas nulles, mais elles ne produiront d'effet utile qu'après que les créanciers munis d'un droit réel auront été désintéressés. Par exemple Primus est assuré jusqu'à concurrence de 100.000 francs. Son immeuble est grevé d'hypothèques pour une valeur de 80.000 francs; Secundus, créancier chirographaire de 20.000 francs se fait consentir une cession de l'indemnité. Si un incendie survient, les créanciers hypothécaires toucheront d'abord 80.000 francs; Secundus pourra ensuite se faire payer par préférence aux autres créanciers chirographaires les 20.000 francs qui restent et qui lui ont été cédés par la victime du sinistre.

Pour cette triple raison, j'ai cru utile de dire quelques mots du système de la cession; d'ailleurs ces explications rentrent bien dans mon sujet, puisqu'elles envisagent une opération qui contient, comme nous le savons, une subrogation *lato sensu*.

CHAPITRE II

SUBROGATION DE L'ASSUREUR DANS LES DROITS DE L'ASSURÉ
CONTRE LES TIERS RESPONSABLES

§ 1. — Préliminaires.

Cette seconde forme de subrogation conventionnelle est
de beaucoup la plus importante; elle constitue d'ailleurs
un des éléments principaux du contrat d'assurance et
offre dans la pratique un intérêt considérable.

Jusqu'ici nous avions ordinairement supposé, que différentes circonstances, (oppositions, significations faites par
des créanciers privilégiés ou hypothécaires) venaient
empêcher l'assureur de payer entre les mains de l'assuré
l'indemnité à laquelle celui-ci a droit. C'était là le but
principal de la loi de 1889; c'était aussi, antérieurement à
cette loi, le but des cessions-délégations consenties au profit
des créanciers : empêcher l'assureur de payer l'indemnité
entre les mains de l'assuré, au détriment des créanciers
privilégiés ou hypothécaires de celui-ci.

Maintenant, ce n'est plus la même hypothèse; nous
écartons toute intervention de créanciers, nous supposons

qu'il n'existe aucune opposition, aucun privilège, aucune hypothèque et que l'indemnité due au propriétaire, par suite de l'incendie de son immeuble, pourra être valablement payée entre ses mains par la Compagnie d'assurance. Or souvent il arrive que cette maison est louée et que le locataire qui l'habite est déclaré responsable, ou bien que l'incendie a été communiqué par la maison voisine et par suite de la faute du voisin. Dans ces deux cas, la victime du sinistre a un recours contre les responsables.

Or, les Compagnies d'assurances exigent toujours de l'assuré, qu'il les subroge dans les droits qu'il peut avoir contre les tiers responsables. Nous savons quels sont les effets de la subrogation; dans cette hypothèse, elle aura pour effet de substituer l'assureur au sinistré et de permettre au premier, d'exercer les droits que peut avoir le second contre les responsables.

Il n'en peut être autrement, car sans cela, l'assuré pourrait s'enrichir deux fois par suite de l'incendie; il toucherait d'abord une première fois la valeur de la maison incendiée qui lui serait payée par son assureur; puis ensuite, exerçant l'action qui a sa source dans l'article 1733 ou 1382 du Code civil, il pourrait se retourner contre le responsable ou son assureur (art, 3 § 2 de la loi de 1889) et le forcer à payer une seconde fois la valeur de la maison et même tous les dommages, toutes les conséquences qui seraient résultés pour lui de l'incendie.

C'est pour éviter cet injuste résultat que les Compagnies d'assurance stipulent qu'elles seront subrogées dans les droits de la victime du sinistre, jusqu'à concurrence de la somme qu'elles lui ont payée.

Supposez un immeuble d'une valeur de 100.000 francs, appartenant à Primus, loué à Secundus. Il est assuré à Tertius jusqu'à concurrence de 60.000 francs, puis vient à être détruit par un incendie. Tertius paye à Primus les 60.000 francs, en vertu du contrat d'assurance. Ce paye-ment, en vertu d'une clause de la police entraîne subroga-tion à son profit, Secundus, le locataire, est déclaré plei-nement responsable de l'incendie. Tertius subrogé dans les droits de Primus, pourra exiger de Secundus les 60.000 francs qu'il a payés ; Primus de son côté pourra forcer Secundus à lui payer les 40.000 francs dont celui-ci est encore redevable.

Remarques. — 1° Il faut remarquer que dans cette hy-pothèse, dans cette sorte de subrogation, le mot *tiers res-ponsable* ne désigne pas seulement, comme dans la loi de 1889, le locataire ou le voisin ; cette expression n'est nulle-ment restrictive.

Si, par exemple, une personne met volontairement ou involontairement le feu à une maison, elle est aussi dé-clarée responsable du sinistre (art. 1382 C. civ.). Par suite, la Compagnie d'assurance, qui a payé son indemnité et qui est subrogée dans les droits de la victime du sinistre, pourra intenter un procès contre le responsable, et exiger de lui tout ce qu'elle a payé. Ce point est absolument cer-tain et n'est point d'ailleurs discuté.

2° Mais en dehors de son action née de la subrogation qui lui a été consentie, l'assureur a encore une autre action qui découle du sinistre lui-même En vertu des articles 1382 et suivants, l'assureur peut en effet recourir de son propre chef, contre toute personne qui est l'auteur volontaire de l'incendie ou qui l'a occasionné par imprudence. L'auteur du sinistre lui cause évidemment un préjudice, puisque, en amenant la réalisation du risque, il l'oblige à payer l'indemnité. Au moyen de cette action, l'assureur pourra, avant de payer son indemnité à l'assuré, appeler en cause le responsable et le contraindre à payer le montant de tout le préjudice causé (1).

Mais l'assureur qui agit ainsi uniquement de son propre chef, ne peut jamais se fonder que sur l'article 1382 du Code civil et par conséquent (c'est là l'inconvénient de cette action), il se voit obligé de prouver la faute de celui qu'il prétend être responsable de l'incendie. D'où il suit que si les compagnies n'avaient que cette ressource, elles seraient la plupart du temps privées de tout recours, la cause des incendies demeurant ordinairement ignorée, ou du moins ne pouvant être déterminée avec certitude. Aussi est-il beaucoup plus avantageux pour l'assureur, d'agir

---

(1) La validité de cette action née directement du sinistre a été maintes fois reconnue par la jurisprudence et par la doctrine. Entre autres arrêts : Cass., 22 avril 1851. *Journ. ass.*, 1852, p. 240. — Cass., 22 déc. 1852. D. P., 1853, 1-93. — Chambéry, 5 fév. 1882. S., 1882, 2-219. — Lyon-Caen, Ruben de Couder, Pardessus, Alauzet.

comme subrogé dans les droits de l'assuré, lorsque ce dernier se trouve avoir un recours contre une personne tenue vis-à-vis de lui, en vertu d'une responsabilité contractuelle (article 1733). Cet assuré, en effet, n'a plus à établir la faute du responsable, il y a une présomption contre ce dernier, et il importe peu par suite, que la cause du sinistre soit ou non connue.

§ 2. — Y a-t-il une subrogation légale ?

Et c'est alors qu'une importante question se pose. L'assureur est-il toujours et de plein droit subrogé au propriétaire de la maison incendiée? Y a-t-il à son profit une subrogation légale?

Cela devrait être, l'équité semble l'exiger, et pourtant au point de vue juridique, la question n'est guère douteuse et doit être tranchée dans le sens de la négative.

En effet, pour qu'il y eut dans cette hypothèse une subrogation légale, il faudrait que cette subrogation rentrât dans un des cas prévus par la loi, c'est-à-dire par l'article 1251 du Code civil. On a essayé de le faire rentrer dans le § 3 de cet article : « au profit de celui qui étant tenu avec d'autres ou pour d'autres au payement de la dette, avait intérêt de l'acquitter ».

Mais pour que ce paragraphe fût applicable, il faudrait que les deux dettes, celle de l'assureur envers l'assuré, celle du tiers responsable envers le sinistré, eûssent un

caractère commun, une cause commune. Or, tel n'est point
ici le cas, puisqu'il y a diversité de causes dans l'une et
l'autre obligation ; l'assureur est en effet tenu envers l'assuré en vertu du contrat d'assurance, tandis que le responsable est tenu soit en vertu d'un contrat complètement
distinct (louage, voisinage, dépôt, etc...) soit en vertu d'un
délit ou d'un quasi-délit.

De plus, il n'y a pas de loi récente qui reconnaisse cette
subrogation au profit de l'assureur. On ne saurait songer
à appliquer ici la loi de 1874 qui établit, il est vrai, une
subrogation légale au profit de l'assureur maritime (1),
car cette matière des assurances maritimes est absolument
spéciale et on ne doit pas en étendre les applications en
dehors de son propre domaine.

Aussi la jurisprudence et la doctrine se sont-elles toujours refusées à admettre la subrogation légale en matière
d'assurances terrestres, et notamment en matière d'assurances contre l'incendie (2).

D'après l'opinion générale, l'assureur n'est donc pas

(1) Lyon-Caen et Renault, *Précis de dr. commerc*, t. II. n⁰ 2,
227 et p. 391, note 2.

(2) Cass., 2 mars 1829. D. P., 1829, 1, 163. — Cass. 22 déc. 1852,
précité. — Rouen, 14 mars 1855. D. P., 1855. 2, 165. — Cass., 2 juillet 1878. D. P., 1878, 1, 345. — Rouen, 14 mars 1885, *Rec. arr.
Caen et Rouen*, 1885, 2, 143. — Bazas, 12 mai 1896. *Rec. per. ass.*,
1896, p. 393. — Ruben de Couder, Duvergier, Troplong, Toullier,
Pardessus, Joliat, Demolombe, Boudousquié. — *Contrà*. Trib. Seine,
16 juillet 1851. *Journ. ass.*, 1851, p. 204 ; Trib. Seine. 20 juin 1885.
Le Droit, 21 juillet 1885.

subrogé légalement dans les droits de l'assuré. Par con_
séquent, si la police ne prévoit pas explicitement cette subrogation, l'assurance qui a payé l'indemnité, n'aura
aucun recours contre les responsables.

C'est là une lacune très regrettable de notre législation,
et il serait à souhaiter qu'une loi nouvelle vînt reconnaître, au profit de l'assureur, une subrogation légale. Mais
hâtons-nous de dire que cet inconvénient se présentera
bien rarement, pour ne pas dire jamais, car toutes les
Compagnies d'assurances ont dans leur police un article
spécial visant expressément cette subrogation.

Cet article est généralement ainsi conçu ; j'en emprunte
le texte aux statuts de la Compagnie d'Assurances générales contre l'incendie.

« Article 34, § 1. — « Par le seul fait de la présente
« police, et sans qu'il soit besoin d'aucune autre cession,
« transport, titre ou mandat, la Compagnie est subrogée
« dans tous les droits, recours et actions de l'assuré contre
« toutes personnes garantes ou responsables du sinistre,
« à quelque titre ou pour quelque cause que ce soit, et
« même contre leurs assureurs, s'il y a lieu. L'assuré
« consent expressément à cette subrogation, et il sera
« tenu, s'il en est requis lors du payement de l'indemnité,
« de la réitérer dans sa quittance, par acte notarié ou
« sous signature privée. »

§ 3. — Légitimité de la clause.

Cette clause est essentiellement légitime.

Au point de vue de l'équité, quand l'incendie est imputable, ou présumé imputable à un tiers, rien de plus naturel, que l'assureur cherche à se faire rembourser par ce tiers, le montant de l'indemnité, que, par son fait, il a été obligé de payer à l'assuré. Cette éventualité d'un recours entre d'ailleurs dans l'appréciation du risque et est prise en considération dans la fixation du taux de la prime. On ne peut donc pas dire que la Compagnie, en exerçant un recours contre le responsable, fait un bénéfice illicite et qu'elle se trouve avoir touché sans cause ce qu'elle obtient par suite de ce recours. Il s'agit ici, en effet, d'un contrat aléatoire; de même que l'assureur paye l'indemnité sans compensation sérieuse, lorsque le sinistre se produit immédiatement après la souscription de la police, alors qu'une prime insignifiante a seulement été payée et qu'aucun recours n'est possible; de même, il peut, dans certaines circonstances, au cas de responsabilité et si le responsable est solvable, se faire rembourser la somme qu'il a versée à titre d'indemnité.

Au point de vue de l'ordre public, cette subrogation de l'assureur dans les droits de l'assuré s'impose également.

A son défaut, comment arriverait-on à régler les rapports juridiques de l'assuré, de l'assureur et des tiers responsables ? L'assuré conserverait-il la faculté d'agir contre ces tiers, même après avoir été indemnisé, ceux-ci ne pouvant pour repousser son action, se prévaloir du contrat d'assurance qui, pour eux, est une *res inter alios acta* ? L'assureur aurait-il, néanmoins, un recours personnel à exercer contre eux, en cas de faute prouvée ? Les tiers seraient-ils, au contraire, à l'abri de tout recours, soit de la part de l'assuré, soit de la part de l'assureur ? Autant de questions, pour ainsi dire, insolubles, car on en arriverait à l'un ou à l'autre de ces résultats également inadmissibles : ou bien l'assuré, pourrait toucher à la fois une indemnité de la Compagnie et du responsable ; ou bien ce responsable se trouverait exposé à une action de la part de l'assureur et de l'assuré en raison du même dommage ; ou bien enfin, il échapperait à tout recours, grâce à un contrat auquel il serait cependant demeuré étranger. Or, avec la subrogation, toutes ces difficultés disparaissent ; le responsable demeure passible des dommages causés, mais il n'en est tenu que vis à vis de celui qui en définitive les supporte, c'est-à-dire vis-à-vis de l'assureur, jusqu'à concurrence de ce qu'il a payé, et vis-à-vis du sinistré pour le surplus (1).

---

(1) Nous savons, en effet, que l'indemnité due par le responsable sera toujours plus élevée, que celle due par l'assureur, le responsable étant tenu de réparer toutes les conséquences du sinistre, l'assureur, au contraire, ne devant qu'une indemnité réprésentant la valeur exacte de l'immeuble au moment de l'incendie.

D'ailleurs la jurisprudence a toujours pleinement consacré la validité des clauses subrogatoires (1).

§ 4. — Étendue de la clause.

A. — *Préliminaires.*

Nous plaçant maintenant à un point de vue à la fois théorique et pratique, il nous faut rechercher quelle est au juste l'étendue, quels sont les effets de la clause subrogatoire.

Si nous nous reportons aux principes généraux de la subrogation, que j'ai exposés dans mon introduction, nous constatons d'abord qu'il y a dans cette opération une subrogation conventionnelle, puisqu'elle est consentie dans une convention, dans le contrat d'assurance.

Mais quelle nature de subrogation se trouve ainsi

(1) Cass., 2 déc. 1834. S., 1835, 1, 148 ; Cass., 13 avril 1836. S., 1836, 1, 273 ; Orléans, 26 août 1858. D. P., 1859, 2, 2 : Amiens, 13 avril 1825. D. P., 1826, 2, 230 ; Paris, 12 mars 1841. S., 1841, 2, 538 ; Rouen, 14 mars 1855, 4 mars 1859, 3 déc. 1855. (*Rec.* des arrêts de Caen et Rouen) ; Cass., 18 nov. 1868, S. 69, 1, 65 ; Seine, 14 déc. 1892, *Rec. per. ass.*, 1892, 297 ; Bazas, 12 mai, 1896, *Rec. per. ass.*, 1895, 393 ; Nancy, 28 avril 1894, *Rec. per. ass.*, 1894, 349 ; T. Bourges, 7 juin 1894, *Rec. per. ass.*, 1894, 558 ; Alger, 25 nov. 1893. D. P., 1894, 2, 502 ; Besançon, 6 av. 1898, *Rec. per.*, 1898, p. 465.

consentie au profit de l'assureur? C'est certainement d'abord une subrogation *lato sensu*, en ce sens que l'assureur se trouve substitué à l'assuré. Sommes-nous également en présence d'une subrogation *stricto sensu*? Au premier abord, il semble bien que l'affirmative doive être admise. En effet, l'assureur ne peut se dire subrogé dans les droits de son assuré, que lorsqu'il a payé l'indemnité ; l'assuré ne consent en effet la subrogation au profit de son assureur que parce qu'il a été désintéressé par celui-ci ; la subrogation semble donc être subordonnée à cette condition : que le payement de l'indemnité ait été effectué. Or ce payement est précisément la condition essentielle de la subrogation *stricto sensu ;* par suite de ce payement, la dette du responsable devrait être juridiquement éteinte, mais elle est fictivement réputée subsister avec tous ses accessoires au profit du tiers qui a payé (l'assureur), et cette fiction permet au tiers subrogé d'exercer les droits et actions du créancier qui a été désintéressé (l'assuré). Cette subrogation *stricto sensu* serait d'ailleurs soumise aux conditions exigées par l'article 1250 ; elle devrait donc être expresse (nous savons que toutes les polices d'assurances stipulent expressément la clause subrogatoire) et faite en même temps que le payement (consentie par l'assuré dans la quittance qu'il délivre à son assureur) (1).

Cependant la question est vivement controversée, et la jurisprudence semble adopter plutôt une opinion contraire.

(1) Vide *suprà*, introduction, p. 24 et suiv.

Deux systèmes principaux sont donc en présence, le premier qui reconnaît dans la clause subrogatoire une véritable *subrogation stricto sensu*, dont la perfection reste subordonnée au payement de l'indemnité, et qui permet à l'assureur subrogé de recourir contre le responsable jusqu'à concurrence de ce qu'il a déboursé.

Le second qui voit dans cette même clause subrogatoire une *cession éventuelle* des droits contre les tiers responsables, cession devenant parfaite par la simple signature de la police et par la survenance du sinistre, et soumise aux formalités exigées par l'article 1690 du Code civil.

J'ai dit déjà que la majorité de la jurisprudence adoptait ce deuxième système. Les décisions sont très nombreuses et un récent arrêt vient encore de confirmer cette jurisprudence (1).

______

(1) Besançon, 6 av., 1898. *Rec. per. ass.* p. 898, p. 470.

« Attendu que la clause subrogatoire ne constitue pas une subrogation conventionnelle parce que l'art. 1250 exige que la subrogation soit faite en même temps que le payement; que la loi ne distingue pas entre la subrogation faite avant ou après le payement; qu'elle prohibe l'une et l'autre pour n'autoriser que celle faite par le créancier recevant son payement d'une tierce personne.

Attendu que l'article susvisé (la clause subrogatoire), doit donc être considéré comme une cession de droits éventuels soumise à la seule condition de l'incendie de l'immeuble assuré... »

Adde. Cass., 13 av. 1836. S. 1836, 1, 271. Cass., 24 nov. 1840. D. P., 1841, 1, 28; Amiens, 24 juillet 1841. S., 1845, 2, 93; Paris, 3 mai 1867, *Journ. ass.*, 1867, p. 341 ; Paris, 22 août 1873. S. 1875, 2, 211 ; Cass., 15 juillet 1874. D. P.. 1875, 1, 102; Toulouse, 1er fé-

La difficulté que présente cette délicate question pro-
vient de la confusion de deux idées juridiques différentes
et de l'incertitude où l'on est, en présence des termes de
la police, sur le caractère véritable de la clause dont il
s'agit. A-t-elle pour objet d'établir une subrogation conventionnelle ou une cession éventuelle? On n'en sait rien,
car la police emploie cumulativement ces deux mots,
subrogation, cession, comme s'ils signifiaient la même
chose et pourtant il n'en est rien. Nous avons vu dans
notre introduction les différences qui séparaient ces deux
opérations et notamment celles-ci : le subrogé ne peut
exercer ses droits que dans la limite de ce qu'il a déboursé ; le cessionnaire, quel que soit le prix qu'il a
payé, peut réclamer au débiteur cédé, l'intégralité de la
dette ; de plus, le cessionnaire doit remplir certaines
formalités auxquelles n'est pas astreint le subrogé (article 1690), etc. (1).

vrier 1877. S. 1880, 2, 335 ; Cass., 3 fév. 1885. D. P., 1886, 1, 173 ;
Cass., 5 août 1885. *Journ. ass.*, 1885. p. 549 ; Alger, 25 nov. 1893.
Rec. per. ass., 1894, p. 742 ; Orléans, 26 août 1858. D. P., 1859, 2, 2 ;
Amiens, 31 déc. 1868. D. P., 1868, 2, 19.

Mais remarquons, et ceci est très important, que la question ne se
pose que pour les compagnies d'assurances à primes. En effet, dans
les compagnies d'assurances mutuelles, la subrogation n'est consentie
qu'au moment de la délivrance de la quittance et il n'y a point de
raison, pour ne pas reconnaître dans cette clause subrogatoire une
véritable subrogation conventionnelle *stricto sensu*.

(1) V. *suprà*, p. 29.

Nous avons vu comment la police dans laquelle la clause subrogatoire est stipulée, était rédigée (1).

Or, suivant que l'on admet que cette clause contient une subrogation *stricto sensu* ou une cession éventuelle (subrogation *lato sensu*), les effets de la clause subrogatoire ne seront pas les mêmes ; l'époque à laquelle l'assureur peut en invoquer le bénéfice contre les tiers responsables, différera suivant que l'on envisage l'une ou l'autre hypothèse ; dans le premier système (subrogation), la clause ne produit son effet que du jour du payement de l'indemnité ; dans le second système (cession), elle produit son effet dès le jour du sinistre.

B. — *Premier système. Cession.*

Sur quels arguments se fonde la jurisprudence dominante ? Sur un seul et le voici : il ne peut y avoir dans notre hypothèse une subrogation conventionnelle, parce que l'article 1250 qui pose les conditions de cette subrogation ne peut recevoir ici son application ; donc, s'il n'y a pas subrogation conventionnelle, il y a cession éventuelle.

---

(1) Par le seul fait de la présente police, et sans qu'il soit besoin d'aucune autre cession, transport, titre ou mandat, la compagnie est subrogée dans les droits, recours et actions de l'assuré contre toutes personnes garantes ou responsables du sinistre, à quelque titre, pour quelque cause que ce soit et même contre tous assureurs, s'il y a lieu.

Si je prends les deux derniers arrêts précités, ceux d'Alger et de Besançon, je lis :

« Attendu qu'il est de jurisprudence constante que la
« clause, de la nature de celle dont s'agit en l'article 24 de
« la police susrelatée, ne constitue pas une subrogation
« conventionnelle qui serait évidemment nulle, faute de
« remboursement par le subrogé au moment de la con-
« vention, mais une cession de droits éventuels et aléa-
« toires, subordonnée à la seule condition de l'événement
« de l'incendie ; qu'ici, par suite, ne sauraient s'appliquer
« les règles des articles 1250 et suivants du Code civ. ;
« qu'il a été admis par voie de conséquence que le
« cessionnaire pouvait agir pour la saisie et la demande
« en validité, sans être tenu de justifier au préalable, du
« remboursement au cédant de la créance cédée, etc. » (1).

« Attendu, dit le tribunal d'Arbois, confirmé par la
« Cour de Besançon, que la stipulation contenue dans
« l'article 16 de la police, étant bien antérieure au
« payement de l'indemnité... il en résulte qu'il ne peut y
« avoir dans l'article 16 de subrogation conventionnelle,
« d'autant moins que, dans la subrogation convention-
« nelle, le payement est fait uniquement en vue de la
« subrogation, tandis que, dans le cas particulier, c'est
« en exécution de la police que la Compagnie a versé
« l'indemnité, etc. » (2).

(1) Arrêt, 25 nov. 1893, précité.
(2) Arrêt précité. Besançon, 6 avr. 1898. *Adde* les termes de l'arrêt de Besançon, en note, p. 212.

Le raisonnement est évidemment très simple, mais peut être n'est-il pas très juridique. Toujours est-il que dans ce système, puisqu'il y a cession, il faut que l'assureur cessionnaire se conforme à l'article 1690 du Code civil, notifie son titre au débiteur responsable du sinistre ou obtienne son acceptation dans un acte authentique. Nous verrons plus tard sous quelle forme et à quel moment cette notification peut intervenir ; nous nous plaçons en ce moment au seul point de vue théorique.

C. — *Deuxième système. Subrogation.*

Le système de la cession est-il bien exact, l'argument que l'on présente est-il bien juridique ? L'article 1250, dit-on, qui règle la subrogation conventionnelle *stricto sensu*, exige dans son paragraphe premier qu'elle soit « faite en même temps que le payement » ; or la clause subrogatoire est toujours consentie avant le payement, puisqu'elle intervient toujours avant le sinistre et que le sinistre précède, bien entendu, le payement de l'indemnité ; donc cette condition exigée par l'article 1250, ne pouvant pas se trouver remplie dans notre hypothèse, il n'y a pas de subrogation conventionnelle.

Or cet argument me semble très critiquable et mon but sera, dans les explications qui vont suivre, d'établir cet autre système : l'opération, qu'on l'appelle cession ou subrogation, consentie dans la clause subrogatoire, ne peut devenir parfaite que lors du payement de l'indemnité par la Compagnie d'assurance; mais alors cette opération rentre dans les conditions de l'article 1250 et par suite on doit reconnaître dans cette clause une véritable subrogation conventionnelle *stricto sensu*.

Au point de vue rationnel comme au point de vue juridique, cette opération ne peut en effet être parfaite que si deux conditions se trouvent remplies. Sur la première on est d'accord : la cession ne deviendra définitive que lorsque le sinistre se sera produit. Personne en effet ne viendra soutenir que l'assureur subrogé pourra, avant le sinistre, recourir contre le responsable. Et pourtant cette condition n'est pas formellement exprimée, n'est pas expressément reconnue dans la police ; elle est sous-entendue et résulte de l'intention commune des parties. Donc cette cession, si cession il y a, est tout au moins soumise à une condition tacite : l'arrivée du sinistre.

Mais ne doit-on pas aller plus loin ; la raison et le bon sens n'exigent-ils pas qu'une autre condition soit sous-entendue, n'exigent-ils pas que la clause subrogatoire ne produise son effet que lorsque le subrogé a payé l'indemnité d'assurances? On dit : mais cette condition n'est pas prévue par la police ; mais est-ce que la police prévoit aussi la première ? Si le système de la cession était logique avec lui-même, il devrait décider que la clause produit son plein et entier effet, dès le jour du contrat, dès le jour de la signature de la police. Celle-ci est en effet ainsi conçue : « Par le seul fait de la présente police....., l'assureur est subrogé, etc. ». Cette clause ne semble donc subordonnée à aucune condition, et pourtant tout le monde est d'accord pour admettre qu'en tout cas, elle ne deviendra parfaite que si un sinistre s'est produit; pourquoi ne devrait-on pas sous-entendre également une seconde condition; le payement de l'indemnité? La cession est certainement conditionnelle, pourquoi ne le serait-elle pas doublement? Or cette seconde condition semble résulter de façon évidente de l'intention des parties. L'assuré, en contractant n'a certainement voulu consentir la subrogation ou la cession qu'à la condition que l'indemnité lui serait en même temps payée. Il serait en effet inadmissible de supposer que l'assuré ait consenti à abandonner ses droits, sans avoir la certitude d'être indemnisé. Or s'il consentait à ce que la clause subrogatoire produisît immédiatement ses effets, il s'exposerait à l'insolvabilité de l'assureur, il s'exposerait à ne jamais être indemnisé puisque ce dernier pourrait, avant de lui avoir payé l'indemnité, recourir contre les tiers responsables.

On trouve dans les termes mêmes de la police, une preuve de cette intention des parties contractantes. La clause subrogatoire est stipulée comme une des conditions générales de la police; elle fait partie des statuts de la Compagnie; par cette clause, la Compagnie d'assurance avertit tous ceux qui veulent contracter avec elle qu'ils devront la subroger dans leurs droits contre les tiers responsables.

Mais à quel moment la subrogation est-elle réellement

consentie : à quel moment devient-elle définitive ? C'est seulement dans la quittance que l'assuré délivre à l'assureur, au moment où celui-ci lui paye l'indemnité. Jusque-là, il n'y a que promesse de subrogation, et cette solution résulte des termes mêmes de la police.

L'article spécial, visant la clause subrogatoire, se termine toujours ainsi : « l'assuré consent expressément à « cette subrogation, et il sera tenu, s'il en est requis, lors « du payement de l'indemnité, de la réitérer dans sa quit- « tance, par acte notarié ou sous signature privée ».

Or, en fait, dans toutes les quittances que l'assuré délivre à son assureur, il est fait une mention spéciale de la subrogation ou de l'article visant la clause subrogatoire.

Mais alors, à quoi bon renouveler, lors de la quittance, une subrogation qui a déjà été consentie « par le seul fait de la police », sinon pour rendre cette subrogation définitive, sinon pour ratifier la promesse à laquelle on s'était engagé lors du contrat d'assurance. Or, ce fait de ne rendre la subrogation définitive que lors du payement de l'indemnité, est précisément l'accomplissement de la seconde condition exigée par l'article 1250, savoir que la subrogation doit être consentie en même temps que le payement.

D'ailleurs, le but de la clause subrogatoire n'est-il pas de suppléer à la subrogation légale que les tribunaux ont toujours refusée aux assureurs contre l'incendie ? Or, l'opération qui correspond le mieux à la subrogation légale est bien la subrogation conventionnelle ; celle ci a, selon la doctrine, les mêmes effets que celle-là (1). Il est donc plus logique de voir dans cette clause une véritable subrogation conventionnelle plutôt qu'une cession.

Enfin, tout ce que l'article 1250 exige, c'est que la subrogation ne puisse avoir lieu après le payement, mais non pas qu'elle ne saurait jamais être stipulée avant. Les termes de cet article ne répugnent nullement en effet, à l'idée d'une subrogation consentie avant le payement, du moment où ses effets sont subordonnés à ce payement.

M. Duhail dit (2) : « Si on comprend en effet, que la « subrogation ne puisse être postérieure au payement, « rien, au contraire, ne s'oppose à ce qu'elle lui soit « antérieure. » Dans notre hypothèse, l'assuré promet, en acceptant les conditions générales de la police, de subroger son assureur dans ses droits contre les tiers responsables, mais la subrogation ne devient définitive que par suite du payement, par suite de la mention spéciale qui en est faite dans la quittance que l'assuré délivre à l'assureur, lors du payement de l'indemnité.

Donc, la validité de la clause subrogatoire semble bien subordonnée à une double condition : l'arrivée du sinistre et le payement de l'indemnité.

Or, nous avons vu plus haut que la seule raison pour laquelle la jurisprudence refusait de voir dans la clause

---

(1) Aubry et Rau. t. II, p. 136.
(2) Duhail, n° 178.

subrogatoire une véritable subrogation conventionnelle, était que cette clause ne pouvait pas être soumise à la condition exigée par l'article 1250, 1° « être faite en même temps que le payement ».

Nous venons de voir que d'après les intentions des parties et d'après la rédaction des polices, la clause subrogatoire était subordonnée au payement de l'indemnité. Pourquoi alors, ne pas voir dans cette clause une véritable subrogation conventionnelle, puisque le seul obstacle que l'on croyait exister n'existe pas, puisque l'article 1250 se trouve rigoureusement observé (1).

D. — *Troisième système. Mixte.*

Il y a encore un troisième système qui consiste à dire que, pour résoudre la difficulté, il faut avant tout rechercher quelle a été la commune intention des parties contractantes ; c'est donc un système mixte. Or la police, en employant concurremment les expressions subrogation, cession, transport, etc., montre bien d'abord, que les parties, sans tenir compte des nuances juridiques souvent très délicates qui peuvent différencier la cession de la subrogation proprement dite, n'ont voulu, en somme, qu'une

---

(1) En ce sens, Nancy, 17 déc. 1872. *Journ. ass.*, 1873, p. 218. Bordeaux. 11 juillet 1883, cassé par Cass. 3 fév., 1885, précité. Paris 19 mars 1840. *Adde* arg. tiré de Aubry et Rau, t. III, § 321, p. 118. V. *suprà*, p. 25.

chose : permettre à l'assureur d'exercer les droits de l'assuré. Mais celui-ci, en signant la police, n'a jamais eu l'intention de consentir à l'assureur une cession pure et simple de ses droits, à moins que cette cession ne résulte d'une façon certaine de la police, comme si, par exemple celle-ci était ainsi conçue : « L'assuré cède à l'assureur tous ses droits et actions contre les responsables et déclare que la cession produira son effet dès le jour de la présente police. » Dans ce cas, l'intention des parties est évidente, mais hormis ce cas, l'assuré ne peut avoir entendu céder ses droits que dans la limite où il serait désintéressé par lui, il a voulu conserver son recours contre les responsables, pour la portion des dommages dont son assureur ne l'indemniserait pas. D'un autre côté, la Compagnie elle-même, sauf bien entendu le cas où une intention contraire serait manifestée, n'a eu en vue qu'une chose, en stipulant la clause subrogatoire : rentrer, si possible, dans ses déboursés, mais dans ses déboursés seulement (1).

D'ailleurs ce système ne fait qu'un avec le précédent. Il consiste en effet à dire que la clause subrogatoire produira une subrogation conventionnelle, sauf le cas où une solution contraire serait établie de façon certaine. Or pratiquement toutes les clauses se ressemblent, sont conçues dans les mêmes termes, ceux que j'employais plus haut, et dans une clause ainsi conçue, le troisième système verrait une

---

(1) C'est le système adopté par les Pandectes françaises. Assurances, n° 1627, p. 142.

véritable subrogation conventionnelle (art. 1250) ; il se confond donc avec le second système (subrogation) puisqu'il aboutit au même résultat.

E. — *Conséquences.*

Si l'on arrive aux conséquences pratiques de ces deux systèmes (celui de la cession et celui de la subrogation), on peut aisément se rendre compte de la différence qui les sépare et de l'intérêt qu'il peut y avoir à les distinguer.

Tout d'abord, si l'on admet le système de la cession, il faut décider que cette cession ne sera pas opposable aux tiers (dans l'hypothèse, au responsable et à ses ayants cause), que si le cessionnaire a rempli les formalités prescrites par l'article 1690, c'est-à-dire la signification ou l'acceptation. Au contraire dans l'autre système, la subrogation est parfaite indépendamment de toute formalité.

En outre, dans le premier système, l'assuré est exposé à supporter les conséquences de l'insolvabilité de l'assureur. En effet, l'on admet dans cette opinion, que l'assureur peut intenter l'action née de la cession, contre les responsables, avant même d'avoir désintéressé son assuré. Si donc l'assureur est insolvable, non seulement l'assuré ne pourra pas se faire payer l'indemnité à laquelle il a droit en vertu de la police, mais encore il ne pourra plus poursuivre les responsables en vertu des articles 1733 ou 1382 du Code civil. Son action contre eux est en effet éteinte, car, et ceci est une autre conséquence de ce système, on doit admettre en vertu des principes généraux, que par le seul fait de la cession, le cédant, l'assuré dans notre hypothèse, s'est dépouillé irrévocablement de tous ses droits contre tous garants, au profit du cessionnaire, de l'assureur. Dans la suite, il ne pourra donc plus agir contre les responsables. De plus, nous savons que la cession est assimilée à une vente (1); ces deux opérations ont la même nature; par conséquent, comme dans la vente, le prix de la cession peut être inférieur au montant de la créance cédée. Dans notre hypothèse, l'assuré doit être considéré comme ayant cédé sa créance contre le responsable, moyennant un prix égal au montant de l'indemnité qui lui est due par l'assureur subrogé. D'où il suit que l'assuré, par cela même qu'il consent la cession, perd tous les droits qu'il pouvait avoir contre les tiers responsables, lesquels droits sont reportés sur la tête du cessionnaire, de l'assureur. Et si l'on admet qu'il y a dans la clause subrogatoire une véritable cession, l'assuré (cédant) ne pourra plus exiger le surplus de l'indemnité dont le locataire peut être responsable, lequel surplus profitera au seul assureur cessionnaire; cet assureur n'est en effet tenu que de rembourser la valeur de l'immeuble au moment du sinistre, tandis que le responsable doit compte à la victime du sinistre de toutes les conséquences médiates ou immédiates qui sont résultées de l'incendie.

(1) Vide *suprà*, p. 30.

La jurisprudence ne va pas jusqu'à admettre cette
conséquence; elle décide que la cession n'a lieu que
jusqu'à concurrence de l'indemnité payée; mais en cela
elle n'est pas logique avec elle-même, elle est en contradiction avec le système qu'elle soutient (1).

Il en est tout autrement si l'on admet le système de la
subrogation. En effet le tiers qui a payé l'assureur, n'est
subrogé que jusqu'à concurrence de ce qu'il a déboursé,
et s'il est dû encore quelque chose, ce surplus profitera au
subrogeant, à l'assuré. Un exemple fera mieux comprendre. La maison incendiée valait 80.000 fr. et était assurée
pour cette valeur ; le locataire qui l'habitait est déclaré
responsable jusqu'à concurrence de 100.000 francs à cause
des dommages indirects. Si l'on admet le système de la
cession, le propriétaire ne pourra toucher que 80.000 fr.,
montant de l'indemnité d'assurance ; l'assureur pourra
recourir contre le locataire jusqu'à concurrence de
100.000 francs.

Au contraire, si l'on admet qu'il y a dans notre hypothèse une subrogation conventionnelle, l'assureur ne sera
subrogé que jusqu'à concurrence de 80.000 francs, et le
surplus, les 20.000 autres francs, c'est seulement le propriétaire victime du sinistre qui pourra les obtenir, car

(1) Nous savons, en effet, qu'il est du caractère et de la nature de
la cession, que « le cessionnaire qui est un spéculateur peut tou-
« jours réclamer le montant intégral de la créance, quelque minime
« que soit le prix, moyennant lequel il en a fait l'acquisition. » Baudry-
Lacant., t. II, p. 745.

l'assureur n'est subrogé seulement que jusqu'à concurrence de ce qu'il a déboursé (1).

Et maintenant la conclusion à tirer sera facile. Nous sommes en présence de deux systèmes : celui de la cession et celui de la subrogation; le premier s'appuie sur une seule raison : c'est que, selon lui, une des conditions exigées par l'article 1250 (subrogation faite en même temps que le payement) n'existe pas dans notre hypothèse. Or, j'espère avoir établi que cette condition se trouvait bien remplie, et qu'aucun obstacle ne s'opposait par conséquent à ce que l'article 1250 fût rigoureusement applicable. C'est pourquoi le second système me semble préférable, c'est pourquoi je crois qu'il y a lieu de décider que dans la clause subrogatoire prévue par la police d'assurance, il y a une véritable subrogation conventionnelle.

§ 5. – Effets de la clause subrogatoire.

Le système de la cession étant, malgré les protestations de la doctrine, généralement admis par la jurisprudence, il convient de rechercher quels sont les effets de la clause subrogatoire dans chacun des deux systèmes.

____

(1) V. Différences entre la subrogat. et la cession. *Suprà*, p. 2.

A. — *Système de la cession.*

Dans ce premier système, l'effet de la clause est de subroger *lato sensu* l'assureur dans les droits de l'assuré contre les responsables, et de considérer cette clause, comme engendrant une cession au profit de l'assureur.

Cette cession, pour qu'elle produise ses effets, doit d'abord être signifiée au débiteur ou acceptée par lui dans un acte authentique, conformément à l'article 1690 Code civil ; mais cette seconde formalité se rencontrera bien rarement dans notre hypothèse ; nous sommes ici en effet en matière de responsabilité, de délit ou de quasi-délit et l'acceptation par acte authentique, se conçoit plus particulièrement en matière contractuelle ; aussi, pour plus de simplicité, je n'envisagerai que la première formalité beaucoup plus courante que la seconde. D'ailleurs, ces deux formalités sont soumises aux mêmes règles et aux mêmes applications.

1° *Signification (ou acceptation dans un acte authentique).* — Cette signification se fait dans la forme ordinaire des exploits, c'est-à-dire par acte d'huissier ; ce qui lui assure les avantages de l'authenticité, date certaine et force probante. Conformément au droit commun, elle doit être donnée à personne ou à domicile.

A quel moment cette signification peut-elle utilement intervenir ? L'assureur peut signifier la cession dès le jour du contrat : c'est un point certain. Nous avons vu que, d'après l'opinion générale, cet assureur était un cessionnaire conditionnel et que la condition, sous-entendue d'ailleurs dans toutes les polices, était la survenance d'un sinistre. Lors du contrat, son droit n'est donc pas définitivement ouvert, mais on sait que le créancier conditionnel peut, avant que la condition soit arrivée, faire des actes conservatoires, et la signification doit certainement être considérée comme un acte conservatoire.

Une fois la signification faite, la cession devient opposable aux tiers, c'est-à-dire que les tiers ne peuvent plus la contester.

Quelles sont les personnes que l'article 1690 désigne sous le nom de tiers? Conformément au droit commun, ce sont tous ceux qui n'ont pas été parties à la cession et qui ont un intérêt légitime à la connaître et à la contester, c'est-à-dire, 1° le cédé, dans notre hypothèse le responsable; 2° tous ceux qui ont acquis du chef du cédant (assuré) des droits sur la créance cédée, les autres cessionnaires du droit cédé, les créanciers gagistes; 3° les créanciers chirographaires du cédant, de l'assuré.

Mais souvent la signification n'intervient qu'après l'arrivée du sinistre, elle sera encore considérée comme valablement faite à condition, bien entendu, qu'elle n'ait pas nui aux tiers et, après l'accomplissement de cette formalité, l'assureur cessionnaire pourra poursuivre le responsable.

A ce propos, se pose une question controversée. Souvent il arrivera qu'aucun tiers, qu'aucun créancier de l'assuré n'auront intérêt à se prévaloir du défaut de signification. Si l'assureur, qui ne s'est pas conformé aux prescriptions de l'article 1690, poursuit le responsable et qu'aucun créancier ne proteste contre cette poursuite, le responsable pourra-t-il se prévaloir du défaut de signification ?

MM. Aubry et Rau admettent la négative (1).

La jurisprudence et une grande partie de la doctrine se prononcent avec raison, je crois, pour l'affirmative (2).

Cette solution me semble en effet beaucoup plus juridique. Elle ressort de l'article 1689 qui considère le débiteur comme un tiers. « Dans le transport d'une créance, d'un droit ou d'une action sur un *tiers* », elle ressort surtout de l'article 1691 qui dit que, « si avant que le cédant ou le cessionnaire ait signifié le transport au débiteur, celui-ci avait payé, il serait valablement libéré » (3).

Du reste cette solution est aussi conforme à l'esprit de la loi, car il paraît évident que si, par tiers, on doit entendre tous ceux qui, n'ayant pas été partie à la convention, c'est-à-dire à la cession, ont cependant intérêt à la connaître, le débiteur cédé, dans notre espèce le responsable, se trouve être le tiers par excellence. N'est-il pas

(1) Aubry et Rau, t. IV. S. 359 *bis*, p. 434, texte et note 38.
(2) Limoges. 20 av. 1887. *Journ. ass.*, 1888, p. 41. — Rouen, 27 nov. 1885. S., 1885, 2, 15. — Laurent, p. 24, n° 521. Baudry-Lacant., t. III, n° 393, p. 628.
(3) Adde. Argument tiré des art. 1295 et 2214. C. civ.

le plus intéressé de tous à connaître le changement qui s'est opéré dans la personne de son créancier ?

2° Saisie-arrêt. — Une fois la signification faite, et une fois le sinistre arrivé, d'après la jurisprudence, la cession est devenue définitive ; l'assureur est subrogé *lato sensu* dans les droits de l'assuré, et il va pouvoir utilement exercer les actions de cet assuré, poursuivre les responsables, les forcer à payer entre ses mains, etc. ; nous savons que cette poursuite peut avoir lieu, même avant le payement de l'indemnité, car la jurisprudence n'exige qu'une condition : l'arrivée du sinistre.

Mais, pour que cet assureur puisse obtenir l'indemnité due par le responsable, il lui faut attendre longtemps, souvent plusieurs instances ; et surtout si le locataire est peu solvable, il aura à craindre des détournements, des collusions entre les responsables et la victime du sinistre. Aussi l'assureur subrogé doit-il, pour plus de sûreté, avant d'intenter son action, pratiquer le plus tôt possible une *saisie-arrêt* soit entre les mains du responsable, soit entre les mains de son assureur.

C'est même, à propos de savoir si une opposition ainsi formée était ou non valable, que la Cour de cassation a été amenée à formuler la théorie de la cession (1) et autant cette théorie me paraît critiquable, autant la validité de ces oppositions me semble devoir être approuvée.

____

(1) Arrêt de 1885, précité.

Du reste la doctrine et la jurisprudence s'accordent pour reconnaître la validité de ces saisies-arrêts, aussi bien celles faites entre les mains de l'assureur du responsable, que celles faites entre les mains de ce dernier (1).

Voici comment les choses se passent dans la pratique. Ordinairement la Compagnie, assureur direct des objets incendiés, ignore l'existence des tiers responsables. Lorsqu'elle apprend, en même temps que le sinistre, qu'il existe une personne qui en est légalement responsable, ou du moins présumée telle, au moyen d'un acte extrajudiciaire contenant notification de la cession consentie à son propriétaire, si cette notification n'est pas déjà faite, elle fait sommation à cette personne, d'avoir à assister aux opérations de l'expertise avec un expert de son choix; enfin elle la somme de ne pas payer dans d'autres mains que les siennes. En outre, si le responsable est lui-même garanti par une autre Compagnie contre les effets de sa responsabilité, l'assureur direct fait à cette Compagnie les mêmes sommations, la prévient du jour de l'expertise, afin qu'elle puisse également, si elle le juge convenable, s'y faire représenter. Le procès-verbal de nomination des experts, mentionne la présence ou l'absence du responsable ou de son assureur. Ceux-ci, quand ils y interviennent, déclarent toujours n'assister à l'expertise que sous toutes réserves de leurs droits, et en protestant, s'il

______

(1) La question est toutefois controversée. V. Dalloz. Sup. *Rep. assur. terr.*, p. 615, n° 242.

y a lieu, contre la responsabilité invoquée par l'assureur direct. Le plus souvent, le responsable ou son assureur, désigne un expert qui intervient, dans son intérêt, au règlement. Et au cas de contestation entre les différents experts, soit sur le quantum des dommages, soit sur toute autre question de fait, comme la cause ou le point de départ de l'incendie, il faut recourir à une expertise judiciaire et par conséquent aux lenteurs de la procédure.

Oppositions officieuses. — A côté de cette façon régulière de procéder, à côté de cette mesure conservatoire légale, mais qui n'est pas toujours possible et qui demande elle-même un certain temps, les Compagnies ont adopté entre elles l'usage d'un autre procédé, celui des oppositions officieuses.

Aussitôt qu'un sinistre est annoncé, si, d'après les premiers renseignements transmis, un recours paraît possible contre un garant quelconque, notamment contre un locataire assuré de son côté à une autre Compagnie, l'assureur, au moyen d'une simple lettre, informe cette autre Compagnie de l'intention où il est d'exercer son recours et la prie officieusement de ne se dessaisir d'aucune somme pouvant revenir au responsable. La Compagnie se borne à lui accuser réception de cette opposition officieuse en l'invitant à la faire régulariser dans le plus bref délai. Sans avoir les effets légaux d'une véritable saisie-arrêt, cette opposition officieuse a un avantage pratique considérable, puisqu'elle donne à l'assureur direct la certitude que l'assureur du responsable ne payera pas ce dernier sans l'en avertir.

Cette opposition officieuse est surtout utile, lorsque le responsable est d'une solvabilité douteuse et qu'il lui est dû une indemnité à raison de la perte de certains objets à lui appartenant (mobilier), alors que sa responsabilité ne se trouve pas garantie du tout ou ne l'est qu'insuffisamment par son assureur. Il est clair, d'ailleurs, que cet assureur ne pourrait retarder indéfiniment son payement sous ce seul prétexte qu'il a reçu une opposition officieuse ; mais dans la pratique, les difficultés à ce sujet sont extrèmement rares. De deux choses l'une en effet : ou la Compagnie garante, acceptant le recours, désintéresse l'opposant qui lui donne mainlevée, ou bien, pour un motif quelconque, cette Compagnie, déclinant toute responsabilité, fixe à l'autre un délai suffisant pour lui permettre, si elle le juge convenable et si elle le peut, de pratiquer entre ses mains une véritable saisie-arrêt.

Enfin, il peut arriver que l'assureur subrogé n'ait pas la possibilité de former une opposition régulière entre les mains du responsable ou du présumé tel. On sait qu'à défaut de titre, le juge peut seul, sur requête, permettre la saisie-arrêt (1). Cette autorisation n'est généralement pas accordée lorsque rien n'établit, que la personne sur laquelle l'assureur prétend former son opposition, est bien responsable de l'incendie (2). Du reste, même en admet-

(1) Art. 357 et 558, C. civ.
(2) De Lalande et Couturier, n° 556.

tant que la religion du juge ait été surprise et qu'une saisie-arrêt ait été pratiquée, alors que la créance de l'assureur n'était pas certaine, c'est-à-dire, alors que la responsabilité du saisi n'était pas encore prouvée ou, du moins, tenue légalement pour telle, cette saisie-arrêt pourrait être ensuite annulée, et le saisissant condamné à des dommages-intérêts envers le saisi. Dans ces deux hypothèses, l'assureur subrogé n'aura d'autre ressource que l'opposition officieuse.

Et à ce propos, on se demande si le propriétaire ou l'assureur subrogé dans ses droits, qui ont une action contre le locataire, en cas de sinistre, en vertu de l'article 1733 du Code civil, ont une créance suffisamment certaine pour leur permettre, avant même d'avoir fait constater judiciairement la responsabilité du locataire, de former opposition entre les mains des débiteurs de ce dernier, et notamment de son assureur?

La question est controversée, mais plus généralement tranchée dans le sens de l'affirmative (1).

La jurisprudence dominante ne peut qu'être approuvée. En effet l'article 1733 contient une présomption en faveur du propriétaire contre le locataire; le premier est

______

(1) Nancy, 17 déc. 1872, *Journ. ass.*, 1873, p. 218; Toulouse, 1er fév. 1877, *Journ. ass.*, 1878, p. 46; Besançon, 2 déc. 1881, *Journ,* *ass.*, 1882, p. 41; Mont-de-Marsan, 1er juillet 1886. *Rec. per.* *ass.*, 1886, p. 426. — *Contra.* Bordeaux, 26 novemb. 1845. S., 1846, 3, 326; Tours, 19 août 1863; Poitiers, 24 janv., 1889. *Journ.* *ass.*, 1887, 215.

présumé être créancier, le second est présumé en faute, présumé, par conséquent, débiteur d'une certaine somme. En vertu de cette présomption, la saisie-arrêt pratiquée par le propriétaire, doit, elle aussi, être présumée valablement faite.

Mais la même solution ne devrait pas être adoptée dans les autres hypothèses.

D'abord, au cas de recours contre le voisin ; dans ce cas, la même présomption n'existe pas en faveur de la victime du sinistre ; c'est au contraire à celle-ci à prouver que le voisin est en faute et doit être déclaré responsable (art. 1382 C. civ.).

De même, au cas de cooccupation du propriétaire et du locataire, si le propriétaire habite une partie de sa maison et loue l'autre partie, la présomption de l'article 1733 n'existe plus ; même, selon l'opinion d'une grande partie de la jurisprudence, les rôles sont renversés : c'est le locataire qui doit être exonéré de toute responsabilité et c'est au propriétaire, à prouver que le feu n'a pas commencé dans son appartement ni dans les locaux qui y donnent accès. Dans ce cas particulier également, le bailleur ou son assureur subrogé, n'ayant plus une créance suffisamment certaine contre le locataire, ne peuvent donc plus pratiquer une saisie-arrêt valable entre les mains de l'assureur de ce dernier (1).

(1) Cour suprême, Grand duché de Luxembourg, 20 mai 1888. *Journ. ass.*, 1888, p. 245. — Limoges, 6 fév. 1883. *Rec. per. ass.* 1883, p. 10.

_ En résumé, pour qu'un assureur subrogé dans les droits de la victime du sinistre, puisse, d'après le système de la cession, utilement exercer son recours contre le responsable, il doit d'abord signifier son titre, c'est-à-dire la cession qui lui a été faite, au débiteur, au responsable (ou bien obtenir l'acceptation de celui-ci dans un acte authentique) : puis, comme, dans la plupart des cas, ce responsable sera assuré et qu'une indemnité lui sera due par suite de l'incendie, l'assureur subrogé fera bien, surtout si le responsable n'est pas certainement solvable, de saisir-arrêter cette indemnité au moyen d'une opposition soit légale, soit officieuse ; de cette façon, il aura la certitude que l'assureur du responsable ne payera pas ce dernier sans l'en avertir ; il sera sûr d'être remboursé de son avance. Enfin, après avoir rempli ces formalités, il pourra, par suite de la cession qui lui a été consentie, réclamer soit amiablement, soit judiciairement, l'indemnité qui lui est due par le responsable ou son assureur ; de cette façon, il n'aura pas à craindre qu'un payement soit effectué à son préjudice, ni à redouter que des collusions se produisent.

B. — *Système de la subrogation.*

Que si maintenant, nous passons au second système, au système de la subrogation, nous constatons tout d'abord que, pour que la clause subrogatoire produise ses effets, point n'est besoin de la signification au débiteur ni de son acceptation (art. 1690), formalités qui se trouvent nécessaires dans le système de la cession. En effet, du moment que les conditions exigées par l'article 1250 se trouvent remplies, la subrogation conventionnelle est pleinement valable, aucune formalité n'est exigée et elle est de plein droit opposable aux tiers.

D'un autre côté, nous savons que, dans ce système, la subrogation ne produit son plein et entier effet que lorsque l'assureur subrogé a désintéressé la victime du sinistre, lorsque l'assureur a effectué le payement de l'indemnité (seconde condition de l'article 1250, C. civ.).

Maintenant, faut-il dire que, tant que cette indemnité n'a pas été payée, l'assureur demeurera complètement désarmé vis-à-vis des tiers responsables et ne pourra exercer contre eux aucun recours ? Cela serait très désavantageux et nous savons que cet inconvénient n'existe pas dans le premier système.

M. Lyon-Caen (1) est pour l'affirmative, et prétend que l'assureur ne pourra rien faire, avant le versement de l'indemnité.

Mais il me semble que décider ainsi serait aller contre l'intention des parties contractantes, aussi bien que contre l'effet juridique de la convention passée entre l'assureur et l'assuré. Sans doute le droit de l'assuré n'est pas encore né, puisqu'il ne prend naissance que lors du payement de

____

(1) V. note sous Cass., 3 fév. 1885. S., 1886, 1, 273.

l'indemnité ; mais il existe à l'état latent, car ce droit est conditionnel, subordonné même à une double condition (1); les droits de l'assureur subrogé, avant le payement de l'indemnité, seraient donc les mêmes que ceux d'un créancier conditionnel avant l'accomplissement de la condition ; or les créanciers conditionnels ont le droit, même avant l'arrivée de la condition, de faire des actes conservatoires et particulièrement de pratiquer une saisie-arrêt. Par conséquent l'assureur subrogé, créancier conditionnel, pourra, même avant d'avoir payé l'indemnité, aussi bien dans le système de la subrogation que dans celui de la cession, pratiquer une saisie-arrêt entre les mains des créanciers du responsable et de l'assureur de celui-ci.

Par conséquent aussi les mêmes questions et les mêmes difficultés que celles que j'étudiais tout à l'heure, se présentent dans le système de la subrogation, et doivent être résolues de la même façon.

De telle sorte que, encore une fois, ce second système me paraît préférable au premier, puisque tout en étant plus naturel, plus juridique, plus conforme à l'intention des parties, il permet au subrogé tout aussi bien qu'au cessionnaire, de se prémunir contre les dangers et contre les fraudes qui pourraient se produire avant le règlement définitif. D'un autre côté, ce système a le grand avantage de dispenser l'assureur subrogé des formalités de l'article 1690 du Code civil, et surtout de ne permettre à cet

______

(1). V *suprà*. p. 218.

assureur de recourir contre le responsable, que jusqu'à concurrence de ce qu'il a déboursé, par conséquent de permettre au sinistré de réclamer le surplus au débiteur de l'indemnité. Resterait seulement une différence qui pourrait sembler désavantageuse au système de la subrogation ; c'est que, dans le système de la cession, le cessionnaire peut agir directement contre le responsable, même avant d'avoir payé le prix de la cession, c'est-à-dire l'indemnité d'assurance, tandis que dans le système de la subrogation, le subrogé devrait, avant de poursuivre le responsable, désintéresser la victime du sinistre des conséquences de ce sinistre. Mais, il ne faut pas oublier (1), que l'assureur, outre l'action née de la clause subrogatoire, a encore une autre action contre le responsable, action qui découle du sinistre lui-même, en vertu de l'article 1382. Cette action est absolument indépendante de l'autre et peut être valablement intentée dès le jour du sinistre, et s'il est vrai que l'assureur, subrogé *stricto sensu* dans les droits de l'assuré, ne peut exercer l'action subrogatoire que lors du payement de l'indemnité d'assurance, du moins il lui reste la ressource d'exercer cette seconde action née de l'article 1382 et il pourra l'exercer dès le jour du sinistre. De telle sorte que l'objection ne porte pas et par suite le système de la subrogation ne se trouve avoir que des avantages sur celui de la cession.

(1) V. *suprà*, p. 204.

§ 6. — Difficultés particulières.

Il nous reste enfin à envisager un certain nombre de questions qui se sont élevées, à propos de la clause subrogatoire, et à résoudre les difficultés qu'elles ont soulevées. Il ne s'agit plus maintenant de distinguer les différents systèmes, mais de les appliquer ; ces applications seront tirées pour la plupart des conséquences du système généralement admis par la jurisprudence, du système de la cession.

I. — Tout d'abord, quel que soit le système que l'on adopte, l'assureur subrogé *lato ou stricto sensu* (cession-subrogation), est substitué, mis à la place de l'assuré, par conséquent, peut exercer tous les droits et actions de l'assuré, peut opposer ou se voir opposer les exceptions que celui-ci pourrait opposer ou se voir opposer.

Sur ce dernier point cependant, un arrêt de la Cour de Paris (1) « décide toutefois, que l'assureur qui agit contre « le locataire de l'immeuble incendié, en vertu de la « subrogation à lui consentie par le propriétaire, ne peut, « pour repousser l'excuse tirée du vice propre de la

(1) Paris, 15 nov., 1877, aff. Comp. mutuelle mobilière, C. Firmin-Didot. *Jour. gén. des ass. terr.*, II, p. 555.

« chose louée, lequel a causé l'incendie, se prévaloir d'une
« clause du bail qui exonère le bailleur de toutes les
« charges inhérentes à sa propriété, telles que vices de
« construction ou autres. »

Cet arrêt se fonde sur l'article 1165 du Code civil qui dit
que les conventions n'ont d'effet qu'entre les parties
contractantes ; or, ici les seules parties contractantes sont
le propriétaire et le locataire ; pour l'assureur du propriétaire, ce contrat est une *res inter alios acta*. Mais,
comme le dit fort bien M. de Lalande, cet article 1165 n'est
pas applicable en pareil cas, par ce motif que la Compagnie,
quand elle agit en responsabilité en vertu de la clause
subrogatoire, n'est pas un tiers à l'égard du locataire, car
elle est aux lieu et place du propriétaire.

D'ailleurs, la jurisprudence adopte d'une façon générale la solution contraire.

C'est ainsi, par exemple, que l'on admet, avec le nouvel
article 1734, que l'assureur subrogé peut agir directement
contre les sous-locataires, sans qu'il y ait lieu de distinguer si le locataire principal habite ou n'habite pas la
maison, si le bailleur a consenti à la sous-location ou y
est resté étranger (1).

Voici encore deux autres applications intéressantes de
ce principe (2) : je suppose qu'un immeuble a été vendu

(1) Trib. de Villefranche, 31 mars 1881. Bon. de Mar., 3e part.,
p. 270. — Paris, 2 août 1851. Bon. de Mar., 2e part., p. 123.
(2) De Lalande et Couturier, n° 550. — Ferot, n° 54.

par Primus à Secundus; Secundus, l'acheteur, a assuré l'immeuble à Tertius; Primus s'est porté garant des vices de construction. L'immeuble est détruit par un incendie et par suite d'un vice de construction; Tertius, qui a payé l'indemnité et qui est subrogé dans les droits de Secundus, pourra intenter contre Primus l'action *venditi* et obtenir le remboursement de son avance.

Enfin, je suppose qu'un fermier a assuré ses risques locatifs, la ferme est détruite par un incendie. La Compagnie d'assurances, subrogée dans les droits du fermier, pourra demander au bailleur une remise sur le prix des fermages, conformément aux articles 1769 et 1770 du Code civil, et se faire payer par ledit fermier, à la fin du bail, la somme dont elle l'aura ainsi fait dégrever.

Mais, cependant, la Compagnie n'est pas subrogée intégralement dans *toutes* les actions de l'assuré. Il faut, bien entendu, excepter les actions purement personnelles, celles qui sont, selon l'article 1166, « attachées exclusivement à la personne » (1).

En outre, l'assureur n'est pas subrogé dans les obligations de l'assuré, obligations qui peuvent découler de l'incendie. Ce point est consacré par la jurisprudence (2) : « Attendu que la disposition de l'article 15 (clause subro-

______

(1) Voyez pour la définition des actions attachées exclusivement à la personne, Baudry-Lacant., t. II, p. 653, n° 913.

(2) Nancy, 9 juin 1880, confirmé par Cass., 28 déc. 1880. D., 1881. 1, 428. V. l'espèce.

« gatoire), qui est une clause de style dans toutes les
« polices d'assurances, y a été insérée dans l'intérêt
« exclusif de la Compagnie qui stipule et dans le but de
« se faire subroger aux droits et actions que l'assuré
« pourrait avoir contre tous garants quels qu'ils soient,
« locataires, voisins ou auteurs de l'incendie ; mais qu'on
« ne saurait comprendre, qu'une Compagnie fût assez peu
« soucieuse de ses propres intérêts, pour stipuler une
« subrogation qui aurait pour but de mettre à sa charge
« les obligations passives, qui pourraient, du fait de l'in-
« cendie, incomber à son assuré ; qu'il n'y a pas lieu, dès
« lors, d'avoir égard à ce moyen tiré des termes de la
« police de l'intimée. »

II. — Souvent, il intervient entre l'assureur et l'assuré
après le sinistre, une convention transactionnelle par
laquelle « la Compagnie consent à renoncer, même par
acte extra-judiciaire et aux frais de l'assuré, au bénéfice
de la clause de subrogation, laissant à l'assuré le soin
d'intenter, s'il le juge à propos, à ses frais et à son profit,
une action contre le responsable ». D'un autre côté,
l'assuré renonce à son indemnité d'assurance.

Cette transaction est certainement valable ; elle évite
d'ailleurs un double déplacement de fonds, est avantageuse,
et pour l'assuré, qui pourra toucher de son locataire une
somme toujours supérieure à celle qu'il aurait touchée de
son assureur, et pour l'assureur, qui ne court pas le
risque de l'insolvabilité du responsable.

La validité de cette clause a été reconnue par la Cour de Cassation (1).

De même qu'elle peut transiger, la Compagnie peut renoncer purement et simplement au bénéfice de la subrogation, soit au moment où la police est contractée, soit même après. Une nouvelle subrogation pourra être consentie par l'assuré après cette renonciation, mais à une condition cependant, c'est qu'elle intervienne avant le sinistre, car, à partir de ce moment, les droits et obligations de chacun doivent être fixés de façon certaine.

Aussi, c'est à juste titre, que le tribunal de Pont-l'Evêque a décidé, qu'un locataire, actionné par la Compagnie qui se prétendait subrogée contre lui aux droits du propriétaire, pouvait valablement lui opposer, comme fin de non recevoir, une renonciation qu'elle aurait faite dans la police et qui n'aurait pas été révoquée par une convention contraire.

III. — Mais la question se complique, quand c'est la même Compagnie qui a assuré le propriétaire et le locataire.

Trois hypothèses peuvent se présenter :

1º C'est la même Compagnie qui a assuré le propriétaire d'une maison pour la valeur de son immeuble, et le

____

(1) Cass., 15 juillet 1867. D. P., 1875, 1, 102. — Trib. de Pont-l'Evêque, 11 fév. 1869. — Bonn. de Marsan, 3e partie, p. 142.

locataire de cette maison pour la valeur de son mobilier
et de ses marchandises, ainsi que pour ses risques
locatifs, jusqu'à concurence d'une somme déterminée.
Lorsqu'elle s'est fait subroger dans les droits du propriétaire, peut-elle exercer un recours contre le locataire
responsable, en vertu des articles 1733 et suivants du Code
civil? Par suite de l'incendie, et en vertu de son contrat
d'assurances, elle se trouve en effet devoir trois indemnités : une indemnité au propriétaire, représentant la
valeur de l'immeuble, une indemnité au locataire, représentant la valeur du mobilier, une indemnité au locataire,
par suite de l'assurance des risques locatifs. Il ne peut
d'abord être question du recours à propos de l'indemnité
mobilière (due par suite de l'incendie du mobilier). La
Compagnie d'assurance supporte d'une façon définitive la
charge de cette indemnité, car elle est due en dehors de
toute question de responsabilité.

D'un autre côté, il semblerait bien aussi que l'assureur
subrogé ne pût avoir aucun recours contre le locataire
responsable, puisque cet assureur l'a garanti contre son
risque locatif. Mais il peut arriver que l'assurance des
risques locatifs soit inférieure à la valeur de l'immeuble
incendié ; par exemple, vis-à-vis du propriétaire, la Compagnie s'est engagée à répondre de la totalité du dommage,
vis-à-vis du locataire, elle ne s'est engagée à payer qu'une
somme égale à tant de fois le montant annuel de son
loyer ; dans ces conditions, la Compagnie, comme subrogée
dans les droits du propriétaire qu'elle a payé, peut con-

traindre le locataire responsable à lui payer la différence
entre la valeur assurée (risque locatif) et la valeur réelle
de l'immeuble (que la Compagnie a payée au propriétaire).
Il s'établit une compensation entre l'indemnité d'assurance
de l'immeuble incendié et l'indemnité d'assurance du
risque locatif, et si cette seconde indemnité est inférieure
à la première, la Compagnie pourra réclamer le surplus au
locataire responsable (1).

2° Une solution exactement semblable devrait être
donnée au cas où la même Compagnie a assuré l'immeuble du propriétaire et seulement le risque locatif du locataire. (En effet nous savons que l'assurance du mobilier
est absolument indépendante de la question de responsabilité).

Mais souvent on rencontre dans les polices une clause
par laquelle le propriétaire déclare contracter l'assurance
à la fois pour lui et pour ses locataires ; la prime est payée
soit par le propriétaire, soit par les locataires auxquels
cette charge est imposée ; cette clause, d'après l'opinion
générale, a précisément pour but de mettre les locataires
à l'abri de tout recours de la part de l'assureur et l'on
décide « qu'elle n'a pas besoin pour être définitive et irré-
« vocable, que les locataires aient déclaré vouloir en pro-

(1) Voyez sur cette question l'espèce proposée devant la C. de
Reims, 5 juillet 1886. *Gaz. Pal.*, 1886, 2, 874. — Toulouse, 14 février 1889. *Rec. per. ass.*, 1889, p. 571.

« fiter, que la quittance souscrite ultérieurement par le
« propriétaire et par laquelle il déclarerait subroger la
« Compagnie dans ses droits contre les personnes responsa-
« bles, n'implique point de sa part renonciation à ladite
« clause ; qu'en conséquence et nonobstant cette déclara-
« tion, la Compagnie ne peut agir en responsabilité contre
« les locataires » (1).

3° Reste enfin la troisième hypothèse ; la même Compagnie a assuré l'immeuble du propriétaire et les meubles
du locataire, dans ce cas, la solution est très simple ; la
Compagnie d'assurance devra rembourser au locataire la
valeur de son mobilier ; mais d'un autre côté, comme elle
est subrogée dans les droits du propriétaire, cette même
Compagnie pourra se retourner contre le responsable ou
son assureur et les contraindre à payer tout ce qu'elle a
été forcée de débourser.

IV. — Au contraire, nous avons maintes fois décidé,
que, lorsque l'immeuble et la responsabilité étaient assurés
à des compagnies différentes, l'assureur qui a désintéressé
le propriétaire et qui était subrogé dans ses droits, pouvait se retourner contre le responsable ou contre son
assureur, par exemple contre le locataire et contre l'assureur des risques locatifs.

(1) Caen, 10 juillet 1873. D. P., 1876, 2, 183. — Douai, 19 juillet 1871. *Journ. ass.*, 1871, p. 360.

Contre le responsable, l'assureur subrogé a certainement une action directe; c'est une conséquence de la
subrogation qui lui a été consentie; il peut exercer les
droits et actions de l'assuré.

Mais peut-il aussi agir directement contre l'assureur du
responsable? Cela dépend de la solution que l'on adopte
dans la question de l'action directe, que j'ai longuement
examinée dans ma première partie (1). Admet-on que le
propriétaire sinistré peut agir directement contre l'assureur du locataire ou du voisin responsables, on devra par
là même admettre que l'assureur subrogé pourra aussi
directement agir contre l'assureur du responsable. Si au
contraire on refuse l'action directe à la victime du sinistre,
on devra également la refuser à son assureur. Malgré le
récent arrêt de Cassation, la première opinion m'a semblé
préférable; adoptant les conséquences de cette opinion,
j'estime donc qu'il y a lieu de décider que l'assureur
subrogé a une action directe contre l'assureur du responsable.

Mais, même en refusant à la victime du sinistre ou à
son assureur l'action directe contre l'assureur du responsable, on ne peut, en tout cas, leur refuser l'action indi-
recte qui leur est reconnue par l'article 1166 du Code civil.
Par conséquent l'assureur pourra actionner la Compagnie
qui garantit le responsable, en vertu de cet article 1166,
c'est-à-dire comme exerçant les droits dudit responsable

(1) Vide *suprà*, p. 167 et suiv.

et cela même sans le consentement de celui-ci. C'est un point hors de doute ; il est en effet de jurisprudence qu'un créancier peut exercer les droits de son débiteur sans son consentement et même sans autorisation de justice (1).

V. — J'ai dit déjà que la clause subrogatoire se rencontrait dans toutes les polices d'assurances quelles qu'elles soient, aussi bien dans les polices d'assurances du risque locatif, par exemple, que dans la police d'assurance contractée entre une compagnie et un propriétaire.

Par conséquent, un locataire qui a assuré son mobilier contre l'incendie, pourrait subroger son assureur dans ses droits contre le propriétaire, à la négligence duquel serait due l'incendie de la maison et du mobilier. Mais il a été jugé que cette subrogation ne produirait aucun effet, si le sinistre était dû également, et d'une manière principale, à l'imprudence du locataire (2).

Ou bien encore, je suppose qu'un locataire assuré, n'a pu établir que le feu n'avait pas pris dans son appartement ; il a été déclaré responsable. Primus qui assurait le propriétaire et qui l'a désintéressé est subrogé dans ses droits,

---

(1) Cass. 23 janv. 1849. D. P. 1849, 1, 42 ; Cass., 2 juillet, 1851. D. P., 1852, 1, 20 ; Trib. Seine, 6 juillet 1865. Bonn. Mars., 3ᵉ partie, 117, 7 mai 1872, 5 mai 1882. — *Contrà*. Trib. Seine, 25 avril 1860. Bonn. Mars., 2ᵉ part., p. 248 ; Bastia, 4 juillet 1866. *Ibid.*, 2ᵉ partie, 317.

(2) Nancy, 3 mars 1849, aff. Comp. le *Soleil*. D. P., 1850, 2, 100.

et se fait payer l'indemnité d'assurance du risque locatif ;
mais par suite de ce payement, Secundus, l'assureur du locataire, est également subrogé dans les droits de son assuré, du locataire et si, dans la suite, on découvre que le feu
est dû, par exemple, à la malveillance et que l'auteur de
cet incendie soit solvable, Secundus pourra exercer contre
lui l'action née de la subrogation et se faire désintéresser
intégralement.

Enfin l'effet de la clause subrogatoire est de permettre
à l'assureur subrogé de recourir contre le responsable
quel qu'il soit. Or, il se peut qu'un individu soit déclaré
responsable de la responsabilité d'un autre individu.

C'est ainsi que, par exemple, la Compagnie d'assurance,
subrogée au propriétaire, victime du sinistre, a qualité
pour exercer les droits de celui-ci, contre le maître civilement responsable du fait de ses préposés (arg. art. 1384) (1).

Ou bien, il se peut qu'une maison soit incendiée par
suite d'un vice de construction de la maison voisine et que
le voisin soit déclaré responsable. Or, l'on sait que d'après
l'article 2270 du Code civil, les architectes et entrepre-
neurs sont déclarés civilement responsables pendant
dix ans, des détériorations qui peuvent survenir aux ou-
vrages qu'ils ont faits. Par conséquent l'assureur du voisin responsable, subrogé dans ses droits, pourra agir directement contre cet architecte ou entrepreneur et se faire
rembourser l'indemnité qu'il a payée.

----

(1) Bordeaux, 11 juillet 1859. Bonn. Mars., 2e part., p. 217.

De même enfin, si l'incendie arrive par la faute d'un tiers, la Compagnie subrogée pourra exercer directement un recours contre celui-ci pour le montant du sinistre (1).

VI. — *a*) Il ne nous reste plus maintenant qu'à dire quelques mots d'une question assez délicate qui peut donner lieu à de nombreux procès. Nous avons supposé jusqu'ici, qu'il n'y avait qu'un seul créancier subrogé, mais on peut très bien concevoir qu'il en existe plusieurs.

Par exemple, il se peut qu'un individu ait assuré son immeuble en partie à une compagnie, en partie à une autre; si chacune de ces compagnies a payé sa part d'indemnité et a été par là même subrogée dans les droits de leur assuré, il est évident qu'elles pourront recourir contre le responsable, ou leur assureur proportionnellement à la part qu'elles ont payée. La solution n'est pas douteuse.

Mais des hypothèses beaucoup plus délicates peuvent se présenter. On peut supposer d'abord que le concours a lieu non pas entre plusieurs Compagnies, mais entre l'assuré et son assureur subrogé, comme si, par exemple, l'assuré insuffisamment garanti par sa compagnie, exerce en même temps que celle-ci un recours contre le responsable. Entre eux qui aura la préférence ?

(1) Amiens, 13 avril 1825, D. P., 1826, 2, 230. — *Contrà*. Colmar, 13 janv, 1832, D. P., 1832, 2, 208.

On pourrait songer à appliquer ici l'article 1252 du Code civil, soutenir que la Compagnie d'assurances n'a effectué qu'un payement partiel et, que, par suite, le créancier (l'assuré) « peut, d'après le texte même de l'article, exercer ses droits pour ce qui lui reste dû par préférence à celui dont il n'a reçu qu'un payement partiel ». Mais dans notre hypothèse, l'assureur subrogé a payé toute sa dette : il ne s'est engagé à assurer l'immeuble, que jusqu'à concurrence d'une certaine somme et il a payé la totalité de cette somme ; il ne doit donc plus rien, et par suite, comme subrogé dans les droits du propriétaire, il devra passer avant lui dans la répartition de l'indemnité due par le responsable.

En un mot, et pour généraliser, si la victime du sinistre n'a pas été complètement désintéressée par son assureur et qu'un individu soit déclaré responsable de l'incendie, on devra attribuer l'indemnité due par celui-ci d'abord à l'assureur subrogé, jusqu'à concurrence de ce qu'il a déboursé, et ensuite au propriétaire sinistré.

b) Nous savons que l'assureur est subrogé par l'effet de la clause subrogatoire dans les droits et actions de l'assuré contre les tiers responsables et que par suite de la loi de 1889, l'indemnité due par le responsable ou par son assureur est attribuée de plein droit et par privilège au sinistré ou aux tiers subrogés dans ses droits (créanciers privilégiés ou hypothécaires, assureurs subrogés).

L'assureur subrogé est donc devenu créancier privilégié

du locataire responsable. Sur quels biens ce privilège portera-t-il ? La responsabilité du locataire résulte évidemment des conséquences de son bail; c'est par suite de sa qualité de locataire qu'il est déclaré responsable de l'incendie qui a détruit la maison (1). Le privilège du propriétaire, créancier de l'indemnité des risques locatifs, porte donc sur tout ce qui garantit l'exécution du bail. Or d'après l'article 2102 Code civil, c'est tout le mobilier garnissant les lieux loués qui garantit la créance privilégiée du bailleur. Le privilège du propriétaire (bailleur) portera donc sur tout le mobilier qui garnit la maison ou la ferme. L'assureur subrogé dans les droits du propriétaire aura également le même privilège.

Mais d'un autre côté le propriétaire, qui a touché son indemnité d'assurance, a encore une créance qui lui reste propre et pour sûreté de laquelle il peut également exercer le privilège du bailleur : c'est la créance des loyers et fermages.

Et voici maintenant l'hypothèse (2).

Un fermier, Primus, a assuré son mobilier. L'immeuble, propriété de Secundus, a été également assuré à une autre Compagnie, Tertius ; un sinistre est survenu. Primus est déclaré responsable. Secundus est créancier de son fermier

____

(1) Art. 2102, C. civ., et 1733, C. civ.

(2) La question s'est présentée devant le Conseil d'administration de la Compagnie d'assurances mutuelles l'*Orléanaise*. Elle a été résolue en ce sens.

pour fermages ; Tertius qui a payé le propriétaire se trouve par conséquent subrogé dans ses droits.

Primus se trouve donc soumis à une double action, celle de l'assureur de l'immeuble, subrogé par le propriétaire dans son action contre le locataire responsable, celle du propriétaire lui-même, en payement de ses loyers. Ces deux sortes d'actions sont également garanties par le même privilège fondé sur l'article 2102, le mobilier étant, nous l'avons vu, affecté par privilège à l'accomplissement de toutes les obligations dérivant du bail.

D'où conflit entre le propriétaire et son assureur. Lequel des deux créanciers aura la préférence? Devront-ils ou nou concourir au marc le franc ?

Il semble bien, qu'il n'y a qu'à appliquer ici la règle générale. Nous sommes en présence de deux créanciers, munis du même privilège, du privilège du bailleur. « Or « il est admis en doctrine comme en jurisprudence, que « quand plusieurs créanciers, jouissant du même privi-« lège se trouvent en concours et que les fonds disponi-« bles sont insuffisants pour les désintéresser tous, ils « viennent au marc le franc, sans distinction de la date « de leurs créances. » Les deux créanciers, le propriétaire et l'assureur subrogé (1) devront donc concourir au marc

(1) En sens contraire, Besançon, 6 avril 1898. *Rec. per. ass.*, 1898, p. 460.

« Attendu que la prétention de Duboz est légitime (Duboz, propriét. demandait à être payé par préférence); que le propriétaire avait contre son fermier deux créances, l'une normale, pour le payement

le franc sur la valeur du mobilier garnissant les lieux
loués.

de ses fermages, l'autre éventuelle, en cas d'incendie, par application
de l'article 1733, C. civ, ; qu'il est évident que cette dernière créance
seule a été cédée à la Compagnie la *France*, que cela ressort des
termes mêmes de la cession contenue dans l'art. 16 de la police ; que
dès lors Duboz a conservé sa créance avec ses accessoires, c'est-à-dire
le privilège ; que ce privilège s'appliquait aux meubles qui garnissaient
la ferme, et que, par la loi du 19 février 1889, il a été transporté sur
l'indemnité représentant ce mobilier ; que d'ailleurs, par la cession
contenue dans le bail, le fermier avait cédé cette indemnité jusqu'à
concurrence de ce qu'il pourrait devoir pour fermages ; que cette
cession a été signifiée à la Compagnie dès le 4 janvier 1896 et lui est,
dès lors, devenue opposable ; qu'elle ne peut prétendre à un droit
équivalent né de la cession faite à son profit dans la police du 21 novembre 1890 parce que, en rédigeant elle-même l'article 16 de ce
contrat, elle a employé le mot subrogation qui est inexact, mais qui
révèle clairement l'intention des parties contractantes, à savoir que
la convention est dominée par ce principe essentiel de la subrogation, qui est que la subrogation ne peut nuire au créancier lorsqu'il
n'a été payé qu'en partie (art. 1252) ; qu'en décidant autrement on
méconnaîtrait l'esprit du contrat d'assurances par lequel le propriétaire qui s'assure veut se procurer de nouvelles garanties et non
se dépouiller d'une partie de celles qu'il a déjà ; qu'enfin ce droit de
préférence est énergiquement affirmé par la loi du 19 février 1889,
dont l'article 3 ne dispose qu'en cas d'assurances... »

Remarque. — L'article 1252 n'est certainement pas applicable
dans notre hypothèse ; pour qu'il le fût, il faudrait qu'il s'agît de la
même dette et du même débiteur. Or, dans notre hypothèse, les deux
dettes sont distinctes et l'assureur a payé tout ce qu'il devait.

CONCLUSION

Et maintenant, que conclure de toutes ces longues dis-
sertations, sinon que la subrogation est une des opérations
juridiques les plus ardues et les plus difficiles de notre droit
français ! Renusson disait (1) : « Cette matière est très épi-
neuse », et il ajoutait : « les questions qu'elle soulève font de
la peine aux avocats qui les traitent ». C'est un peu vrai.
J'avoue que je ne m'imaginais pas en commençant l'étude
d'un pareil sujet, que je me trouverais en présence de
théories aussi épineuses, je dirais même, en présence
d'une sorte de chaos que chacun peut envisager à sa façon.
C'est qu'en effet, il règne en cette difficile matière une
très grande confusion, confusion sur le point de savoir ce
qu'il faut entendre au juste par le mot subrogation, si on
doit étendre cette expression à toutes les substitutions ;
si on doit au contraire la réserver spécialement à l'opération juridique que j'ai appelée la subrogation *stricto
sensu*, au payement avec subrogation ; confusion sur le
point de savoir quel est l'objet et la portée de la loi du
19 février 1889, si cette loi contient une délégation ou

(1) Renusson. Subrog., ch.1, n° 15.

C. — 17

une subrogation; confusion sur le point de savoir quels droits cette même loi reconnait au propriétaire ou aux tiers subrogés, si on doit leur reconnaître un privilège, une action directe, etc.; confusion sur le point de savoir ce qu'il faut entendre par les diverses expressions « tiers subrogé », « opposition » que cette même loi emploie; confusion enfin sur le point de savoir quelle est exactement l'opération qu'engendre la clause subrogatoire consentie par le propriétaire au profit de son assureur, s'il faut voir dans cette clause une cession éventuelle, ou une véritable subrogation personnelle.

Dans la solution de ces délicates questions, j'ai choisi l'opinion qui me semblait le plus conforme au bon sens, à l'équité et aux principes juridiques; j'ai peut-être été un peu audacieux et téméraire; parfois en effet je me suis heurté à une opinion contraire de la jurisprudence et de la Cour de Cassation, et j'ai passé outre!

J'aurai cependant une excuse : celle d'avoir traité un sujet rempli d'embûches et de difficultés, et c'est pour cette raison que le lecteur m'accordera un peu d'indulgence.

Vu :

Le Président de la thèse,

André WEISS

Vu :

Le Doyen,

GLASSON.

Vu et permis d'imprimer :

Le Vice-Recteur de l'Académie de Paris,

GRÉARD.

TABLE DES MATIÈRES

PREMIÈRE PARTIE

Loi du 19 février 1889.

SECONDE PARTIE

Subrogation conventionnelle.